第一次世界大战全记录

STORY OF THE FIRST WORLD WAR

[英]艾普瑞尔·梅登 编著

高志武 崔红岩 译

中国画报出版社·北京

图书在版编目（CIP）数据

第一次世界大战全记录 /（英）艾普瑞尔·梅登编著；高志武，崔红岩译. -- 北京：中国画报出版社，2021.4（2024.12重印）
（萤火虫书系）
书名原文：All About History: Story of the First World War
ISBN 978-7-5146-2007-8

Ⅰ. ①第… Ⅱ. ①艾… ②高… ③崔… Ⅲ. ①第一次世界大战 - 历史 Ⅳ. ①K143

中国版本图书馆 CIP 数据核字 (2021) 第 036894 号

All About History: Story of the First World War
Articles in this issue are translated or reproduced from All About History: Story of the First World War, Third Edition and are the copyright of or licensed to Future Publishing Limited, a Future plc group company, UK 2019.

著作权合同登记号：图字 01-2021-0636

第一次世界大战全记录

[英] 艾普瑞尔·梅登 编著　　高志武　崔红岩 译

出 版 人：于九涛
责任编辑：赵世明
审　　校：崔学森
责任印制：焦　洋

出版发行：中国画报出版社
地　　址：中国北京市海淀区车公庄西路33号　邮编：100048
发 行 部：010-88417418　010-68414683（传真）
总编室兼传真：010-88417359　版权部：010-88417359

开　　本：16开（787mm × 1092mm）
印　　张：15
字　　数：181千字
版　　次：2021年5月第1版　2024年12月第7次印刷
印　　刷：三河市金兆印刷装订有限公司
书　　号：ISBN 978-7-5146-2007-8
定　　价：72.00元

第一次世界大战

　　第一次世界大战，也称"大战"，4年中有30多个国家宣战，这是第一次席卷世界的工业化战争。这是一场人类的战争，更是一场反人类的战争，无论出于自愿还是义务，世界各地大批男性奔赴战场，留守家园的民众则积极填补他们在工农业留下的空白。尽管战壕里、海洋上、天空中充斥着死亡与杀戮，但不得不说，这是一场创新的战争，战略战术、交通运输、武器制造都得到了发展。在本书中，读者将了解第一次世界大战中的关键战役、重要事件与代表人物，探究战争爆发的根源与推进的过程，感受战争对土地的蹂躏、对生命的荼毒，反思战争的硝烟对人类产生的深远影响。

目录

6　　第一次世界大战历史概览

第一次世界大战的起源

10　　战前军备竞赛
18　　导致世界大战的原因是什么？
30　　刺杀斐迪南大公

战火燃遍世界

36　　第一次世界大战里的"第一次"
48　　暴风突击队的猛烈冲锋
62　　印军时间轴
64　　战时社会：1915年的伦敦
70　　齐柏林飞艇战
80　　堑壕战
83　　俄国陆军之殇
94　　德意志帝国的反击

第一次世界大战之重大战役

104　　加里波利之战：帝国的交锋
115　　第二次伊普尔之战
118　　凡尔登战役的起因
132　　凡尔登战役
146　　日德兰海战
152　　索姆河战役
167　　康布雷战役
178　　最后一战

42

210

156

190

167

212

代表人物

- 190　第一次世界大战的传奇领袖
- 202　巾帼不让须眉：您可能一无所知的15件事
- 212　红男爵

一个时代的终结

- 230　炮火沉寂之后……

第一次世界大战历史概览

弗朗茨·斐迪南遇刺
时间：1914年6月28日
地点：波黑

波黑被奥匈帝国吞并后，帝国皇储弗朗茨·斐迪南前往萨拉热窝视察部队。塞尔维亚民族主义组织"黑手会"向7名青年学生提供武器，密谋暗杀斐迪南。斐迪南遭遇一次未遂暗杀后，决定返回时走另一条路线，但没有人通知司机。当汽车停下来掉头时，参与密谋的枪手加夫里洛·普林西普瞄准汽车开枪。11点30分，斐迪南亲王因失血过多身亡。

弗朗茨·斐迪南遇刺示意图

德国U型潜艇攻击战
时间：1914年7月28日—1918年11月11日
地点：大西洋、北海、地中海

德军发起U型潜艇攻击战的主要目标是摧毁贸易航线上的协约国舰船。由于英国粮食和补给严重依赖进口，德国U型潜艇舰队受命攻击视野所及的一切舰船，无论是联军舰船还是中立船舶，无一例外。德国U型潜艇舰队共击沉近5000艘船只，英国首相劳合·乔治被迫命令一艘武装海军护卫舰为所有向英伦诸岛运送物资、装备和武器的船只护航。

英国"一战"时期的宣传画

第一次世界大战时间轴

● 奥地利宣战
因为弗朗茨·斐迪南遇刺，奥匈帝国公开谴责塞尔维亚政府，正式向塞尔维亚宣战。

● 1914年8月4日 英国向德国宣战
德国拒绝从中立国比利时撤军，英国向德国宣战。

弗朗茨·斐迪南

● 1914年8月26日 坦能堡战役
俄国向普鲁士进军，但补给线极为脆弱，面对德军几乎全军覆没。

兴登堡在坦能堡战役前线

● 1915年5月7日 卢西塔尼亚号沉没
载有139名美国乘客的皇家卢西塔尼亚号被德国U型潜艇击沉，激起美国的强烈抗议。

皇家卢西塔尼亚号

● 1915年5月 丘吉尔辞职
为回应加里波利战役的巨大伤亡，温斯顿·丘吉尔辞去海军大臣的职务，回到部队担任营长。

1914 ———— 1915

● 1914年8月1日 德国向俄国宣战
德国支持奥匈帝国，与塞尔维亚结盟的俄国开始战争动员。因此，德国向俄国宣战。

● 1914年8月3日 德国入侵比利时
德国向法国宣战，并开启"施里芬计划"，入侵比利时。英国要求德国撤军。

第一次世界大战作战会议

● 1914年10月29日 土耳其参战
土耳其与德国结盟，出动部队对俄国实施海上轰炸。

土耳其领袖凯末尔·帕夏

● 1915年4月21日—5月25日 第二次伊普尔战役
德军违反《海牙公约》的禁令，第一次大规模施放毒气，造成数千人伤亡。德国人对这种新武器的效能大为震惊，因而没有全面推广。

● 1915年9月18日 德国限制潜艇行动
为避免美国参战，德皇威廉二世中止了无限制潜艇战。

齐柏林突袭
时间：1914年12月—1918年8月
地点：英格兰

齐柏林飞艇是以其德国发明者斐迪南·冯·齐柏林的名字命名的飞行器，其外形如气球，内有金属框架支撑。大战期间，德军装备了大量飞艇，这些飞艇曾用于海军侦察，但因轰炸英国而声名狼藉。这些被称为"婴儿杀手"的飞艇进行了51次空袭，造成557人丧生，另有1358人受伤，其中大部分是平民。齐柏林突袭行动造成经济损失150万英镑。齐柏林飞艇最终由于飞机的异军突起而退出战争舞台，后者可以相对轻松地将其击落。

齐柏林LZ18曾是最大的飞艇，1913年10月在服役前失火坠毁

第一次世界大战的作战环境：战壕肮脏逼仄

凡尔登战役
时间：1916年2月21日—12月18日
地点：法国

为了应对德国与日俱增的入侵威胁，法国沿着瑞士边境到法国凡尔登修建了一系列沉降型要塞，试图构建一条不可逾越的防线。德国人攻击凡尔登，企图让法国人"流尽最后一滴血"。德国成功夺取了法国要塞，但很快因英国进攻索姆河和俄国在东线的进攻而分散兵力，法国得以收回要塞。9个月后，双方都遭受了巨大伤亡，没有任何一方获得真正的战略优势。

加里波利战役

时间：1915年4月25日—1916年1月9日

地点：加里波利半岛

俄国发出求助信息后,英法联军远渡重洋企图攻占加里波利半岛,将土耳其逐出战场,但这场战役遭遇了惨败。土耳其人早有防备,居高临下地击退了英法联军,交战双方伤亡惨重：英法联军伤亡25.2万人,奥斯曼帝国伤亡21.8万人。经过数月鏖战,双方均无所获,英法联军撤离。这场灾难性的战役严重损害了温斯顿·丘吉尔和陆军元帅基齐纳勋爵的声望。

1915年3月18日,英军皇家无阻号遭遗弃

索姆河战役

时间：1916年7月1日—11月18日

地点：法国

交战双方是英法联军和德意志帝国军队。这场为期4个多月的战斗在法国北部的索姆河两岸进行。战役预计是一场消耗战,德国对凡尔登的突袭使开战日期提前了。尽管联军兵力优势巨大,但无法摧毁德军布满倒刺的铁丝网和混凝土掩体,只把无人区变成了一片沟壑纵横的泥潭。在步兵推进阶段,德军依靠机枪的强大火力轻松歼灭了大量联军士兵。索姆河战役是历史上最血腥的战斗之一,夺走了无数生命,42万名英军士兵、20万法军士兵和50万德军士兵殒命沙场。联军最终只推进了12千米,道格拉斯·黑格爵士的战略决策至今仍然存在极大争议。

● **1916年5月31日 日德兰海战**
虽然英军在战役中损失惨重,但德国海军也丧失了战斗力,在一战的剩余时间里偃旗息鼓。
英军皇家伯明翰号在日德兰半岛沉没

● **1917年4月6日 美国宣战**
为回应德军U型潜艇击沉美国船只,美国参战抗击德国。
停泊在挪威特隆赫姆港的被俘U型潜艇

● **1917年11月20日—12月7日 康布雷战役**
英国炮兵部队利用坦克推进,突破德军兴登堡防线。这种作战方式在1918年的战场上效果显著。
康布雷战役

● **1918年9月29日 兴登堡防线崩溃**
经过56个小时的轰炸,联军突破了德军西线的最后一道防线——兴登堡防线。

● **1918年11月9日 德皇威廉二世退位**
面对国内的革命声浪,威廉二世放弃德意志帝国皇帝与普鲁士国王之位。
德皇威廉二世

1916　1917　　　　　　　　　　　　　　　1918　　　　　1919

● **1917年2月25日 重要电文**
美国总统伍德罗·威尔逊收到英国情报机构截获的齐默尔曼电文。德国承诺以美国领土作为回报,敦促墨西哥与德国结盟。
威尔逊最终获得诺贝尔和平奖

● **1917年7月31日—11月6日 帕斯尚尔战役**
道格拉斯·黑格令英国首相大卫·劳合·乔治大失所望,他率军攻到比利时海岸,交战双方伤亡惨重。

帕斯尚尔战场上血腥屠杀的场面

● **1917年12月5日 《布列斯特-立托夫斯克条约》**
苏维埃俄国与德国签订停战和约,终止战争状态。和约的条款很苛刻,俄国放弃了波兰与乌克兰的控制权。

● **1918年10月30日 土耳其缔结和约**
即《穆兹罗斯停战协定》。土耳其最终请求停战,中东战区战火熄灭。

● **1919年6月28日 《凡尔赛条约》签署**
斐迪南遇刺5年后的同一天,战胜的协约国与德国签署《凡尔赛条约》。

劳合·乔治就任首相

时间：1916年12月7日

地点：英国

在前首相阿斯奎斯任职期间,英军在战争中失利不断,国内批评一浪高过一浪。劳合·乔治在保守党与工党领袖的支持下,接任战时首相。他组建的战时内阁每天会面,提升了战时行动节奏。劳合·乔治对战争部长道格拉斯·黑格极度不信任,指控他造成了毫无意义的牺牲。他同意任命法国陆军元帅费迪南·福煦担任联军总指挥,以制约黑格的权力。劳合·乔治决心实现联军内部军事指挥权的统一,据称这对联军的最终胜利产生了重要影响。

劳合·乔治在第一次世界大战期间就任英国首相

组建英国皇家空军

时间：1918年4月1日

地点：英国

皇家空军合并了皇家飞行大队和皇家海军航空兵,以整合这两支部队的优势。皇家空军参与了西线的重大战役。皇家空军现已成为世界上历史最悠久的独立空军,从第二次世界大战至今始终在军事行动中扮演着极其重要的角色。

《贡比涅停战协定》

时间：1918年11月11日

地点：法国

该协定消弭了西欧战场的硝烟,结束了第一次世界大战。协定签署日被定为停战纪念日,人们在每年11月11日11时举行仪式庆祝。停战协定主要由法国元帅费迪南·福煦将军执笔,涵盖了德国撤军、交换战俘等内容。

福煦(右二)在贡比涅

第一次世界大战的起源

大战前夕做出的决策、发生的事件与中断的联系。

10　战前军备竞赛
18　导致世界大战的原因是什么?
30　刺杀斐迪南大公

14

21

战前军备竞赛

1902年《英日同盟条约》签署,英国的"光荣孤立"时代结束,一个危机四伏的多极时代拉开帷幕。

▲ 皇家不屈号是一艘无敌级战列巡洋舰,船上装备了一些大口径火炮

无敌级战列巡洋舰

随着军备竞赛愈演愈烈,英国皇家海军升级了新的"战列巡洋舰"

服役时间: 1908年
所属国家: 大英帝国

1908年,德意志帝国通过《海军法第二修正案》,计划建设一支大规模公海舰队。英国海军元帅约翰·"杰基"·费舍尔马上做出回应,着手改进无畏级战列舰,对皇家海军装备进行第二次升级。这种舰船快速凶猛,速度与巡洋舰并驾齐驱,武器装备与战列舰一样强悍。

▲ 德国被皇家无畏舰赶超后,以一支装备更精良的舰队予以回应

拿骚级战列舰

德国公海舰队的第一批无畏战列舰

服役时间: 1910年　**所属国家:** 德意志帝国

这四艘拿骚级战列舰是德国对英国无畏舰的第一次回应。这些舰船速度较慢,在大洋中航行不够平稳,配备的是小口径28厘米火炮,但炮塔的分布使其可与无畏舰的攻击能力相媲美,其中8门炮用于向前与向后射击,6门炮用于侧舷射击。

理查德·伯顿·霍尔丹

德国对无畏舰做出强力回应。出于关切,英国战争大臣前往德国斡旋

在任时间:1905年—1912年

国家:大英帝国

理查德·伯顿·霍尔丹定期与德皇威廉二世会面,试图达成协议。1912年,和平谈判陷入僵局,霍尔丹前往德国缓和摩擦。他在德国逗留了4天,德国宣布进一步扩大海军规模,斡旋失败。幸亏霍尔丹未雨绸缪,在任职期间对英国海军实施了全面改造与革新,实际已为欧洲战争做好了充分准备。

▲ 霍尔丹想方设法抑制德国的野心,确保英军为进一步的冲突做好准备

阿尔弗雷德·冯·提尔皮茨

作为国务大臣,他充满热情,积极进取,彻底改变了德国的海军面貌

在任时间:1897年—1916年

国家:德意志帝国

如果没有提尔皮茨在1898年至1912年提请通过的5项海军法令,英德两国的海军军备竞赛的状态将截然不同。他积极主张急速扩张德国海军,推动了挑战英国海军统治地位的重要改造与革新。提尔皮茨是激化军备竞赛的主导者,明确指出英国就是当前的敌人。

▶ 提尔皮茨的改革迫使英国海军加速进入扩张的新时代

◀ 战列舰曾统治海面，但随着潜艇的发展，海面之下潜流暗涌

U-31潜艇

潜伏在浪涛下的无畏舰猎手

服役时间：1914年　国家：德意志帝国

英国舰队在战前的一次年度演习中，两艘模拟成敌方渗透者的潜艇能够用鱼雷击沉3艘战列舰。英国的战列舰和巡洋舰原本占据上风，但在1914年，德国下水了第一艘柴油动力潜艇U-31，其续航里程达12553千米。它们将震慑海军将领，军备竞赛的态势发生了转折。

超级无畏舰：皇家伊丽莎白女王号

燃油动力的庞然大物，世界第一艘"高速战列舰"

服役时间：1914年

国家：大英帝国

为适应战力和速度不断提升的无畏舰，"高速战列舰"也得到了发展。皇家伊丽莎白女王号是第一批高速战列舰，在其中轴线上配备8门15英寸（38厘米）口径大炮，共设有4座炮塔，第5座炮塔的位置空出来用于架设燃油动力涡轮机。

▶ BL15英寸 I 型舰载火炮是专门为皇家伊丽莎白女王号设计的

它们将震慑海军将领，军备竞赛的态势发生了转折。

国王级战列舰

德国在舰艇中轴线上架设了"超级火力"炮塔

服役时间：1914年

国家：德意志帝国

4艘国王级战列舰的中轴线上装备了10门12英寸(30厘米)口径火炮，火力覆盖范围更大，5座炮塔一层一层堆叠起来，形成新型"超级火力"组合。国王级战列舰在战役中面对意外失火时，展现出德国舰船全新的自我防护能力。若弹药舱着火，它可以向弹药舰仓灌水，并在撤退前吸入数吨水。

▲ 英德两国都将海军舰队视如珍宝，海军将领提心吊胆，唯恐出现任何闪失

英德军备竞赛5宗事

无畏号的惊天"骗局"

1910年，爱搞恶作剧的爵士霍勒斯·德·威尔·科尔欺骗皇家海军，获准带着"阿比西尼亚皇家"代表团考察皇家无畏号。所谓的皇家代表团是布卢姆斯伯里派的5名成员假扮的。

撞击U-29潜艇

1915年3月，皇家无畏号在彭特兰海峡击沉德国U-29潜艇。这是战列舰唯一一次击沉潜艇。

皇家阿金库尔号：第一次世界大战中排水量最大的无畏舰

皇家阿金库尔号在7座炮塔上装备了14门12英寸口径火炮，排水量达13720吨，它是第一次世界大战同级别无畏舰中装备最强的战列舰。

战列巡洋舰的致命弱点

在日德兰海战中，无敌号战列巡洋舰的一座炮塔失火，弹药操控装置的糟糕设计使火药引信暴露在火焰中，无敌号与另外两艘战列巡洋舰因此被毁。

最后的无畏战列舰

1912年下水的美国得克萨斯号战列舰在诺曼底登陆、硫黄岛战役与冲绳战役中仍在服役。如今，这艘唯一幸存的无畏舰在得克萨斯州休斯敦成为一座水上博物馆。

海军技术

皇家无畏号与其升级版由蒸汽涡轮发动机提供动力并配备重炮火力,重新定义了20世纪战列舰

1904年,海洋紧张局势加剧,高瞻远瞩的第一海务大臣约翰·"杰基"·费舍尔爵士定制了一艘新型战列舰——无畏号。无畏号装备了12英寸口径远程火炮,使用蒸汽涡轮驱动,外有装甲,内设隔舱,是一种强悍的新型机械化集成装备。

▲ 一艘战舰没有强劲的武器就像一只浮在水面的鸭子，因此各海军强国都争先恐后地生产威力更强、破坏力更大的舰载炮

BL12英寸X型舰炮

原产国：英国

无畏号装备的主要武器是10门12英寸口径舰炮，爆炸推力强，射程达22千米。舰炮分别安装在5座动力炮塔上：1座向前，1座向后，1座在中轴线的中点上，2座在"侧翼"（装甲上层的两侧）。

克虏伯碳钢合成装甲

原产国：德国

德国恺撒级无畏战列舰使用添加金属合金的钢铁装甲，尽可能降低长期作战造成剥落、破裂的发生率。舰船甲板重要部位的装甲厚约10厘米。舰体腰部得到双重防护：外侧是35厘米厚的"装甲带"，内层是"鱼雷舱"。

◀ 明信片上的恺撒级无畏战列舰。1919年，随着德国舰队被大规模凿沉，这艘舰艇走向命运的终点

舰船甲板装甲厚约10厘米。

燃油锅炉

原产国：英国

无畏号的燃煤锅炉冒出浓浓的黑烟，形迹毕现，无处可藏。1913年下水的伊丽莎白女王级"超级无畏舰"靠燃油发动。石油比煤炭能量密度更高，不需要司炉工，产生的烟尘更少。这类无畏舰青出于蓝，海军大臣温斯顿·丘吉尔确保了该舰种的生产与维护。

▲ 皇家伊丽莎白女王号经过两次改造后在"二战"中继续服役

帕森斯直驱式蒸汽涡轮发动机

原产国： 英国

1884年，查尔斯·帕森斯发明了蒸汽涡轮发动机，使舰船可以高速、长距离巡航。无畏号战列舰搭载两对帕森斯直驱式蒸汽涡轮发动机。每部发动机都通过18组巴布考克及威尔考克斯公司生产的水管式锅炉获得动力，驱动装有三叶旋桨的两支传动轴。无畏号最高速为21.6节（每小时24.9千米）。

▶ 帕森斯的涡轮发动机掀起海军舰船的革命，为大量超级战船提供了廉价、充足的电力

▲ 超级火力炮塔由美国首创，革新了德国与英国的原有炮塔设计

无畏号装备了12英寸口径远程火炮，使用蒸汽涡轮驱动，外有装甲，内设隔舱，是一种强悍的新型机械化集成装备。

超级火力炮塔

原产国： 美国

1910年下水的美国南卡罗莱纳号战列舰，将一座炮塔架在另一座炮塔之上，位置稍稍错开。这种"超级火力"的设计将武器装备压缩在更小的空间里，受攻击的概率更低，但设计者担心一座炮塔的冲击波可能会对另一座炮塔造成损伤。这种独具匠心的设计令德国和英国眼前一亮，他们分别在自己的恺撒级和猎户座级战列舰上运用了这种设计。

1914年6月28日

导致世界大战的原因是什么?

引爆第一次世界大战的20个历史大事件。

当加夫里洛·普林西普向弗朗茨·斐迪南大公扣动扳机，他不仅杀死了奥地利皇储，而且在之后的4年中宣判了900多万人的死刑。倘若刺杀只是战争的借口，那么真正的原因是什么？

1864年2月1日
爱德华王子埋下仇恨的种子
普鲁士入侵丹麦，英国重整外交政策

普鲁士和奥地利明目张胆地占领了石勒苏益格-荷尔斯泰因的种族杂居区，使丹麦与现在的德国决裂，这令年轻的英国王子爱德华大为震惊——这位未来的国王爱德华七世与丹麦的亚历山德拉结婚才几个月。尽管维多利亚女王的亲德倾向日益明显，但爱德华夫妇还是在冲突中公开支持丹麦人。

第二次石勒苏益格战争以及与母亲冰冷的关系构筑了爱德华七世外交政策的基础，他培育了一个坚定的亲法反德集团，该集团直到他去世多年后的1910年仍活跃在政府中。在爱德华七世的影响下，皇家海军进行了改革，实现了现代化，以对抗不断壮大的德国海军。英国中立的外交政策也逐渐销声匿迹，与法国和俄国签订结盟条约，该条约最终形成三国协约，将英国与印度拖入了战争的泥潭。

▲ 1896年，爱德华王子与亚历山德拉王妃

1867年2月8日
古老的帝国驾鹤西去
二元君主国取代奥地利帝国

▲ 普鲁士骑兵与奥地利骑兵在克尼格雷茨战役针锋相对，最终取得影响时局的大胜

主导德意志国家的传统力量是奥地利，其哈布斯堡家族自1278年起便居于统治地位，而普鲁士王国在首相奥托·冯·俾斯麦和威廉一世国王的统治下蒸蒸日上。两股力量的权力竞争越发激烈，公开的较量浮出水面。

由于匈牙利退出，实力削弱，奥地利帝国解体，取而代之的是烦琐的奥地利-匈牙利二元君主国。在二元君主制内部，两国各自独立统治，通过一个复杂的联合部长系统统一协调。这一解决方案造成奥地利内部政治的不稳定性，反过来又在广阔的帝国中产生了一系列新的压力点。譬如，匈牙利对非匈牙利臣民的压迫政策，使其很容易成为塞尔维亚人和俄国人资助的煽动活动的攻击目标，1914年这些煽动活动在奥地利人治下的波斯尼亚危害极为显著。在奥地利的传统依附关系中，许多小型德意志公国已经统一在普鲁士人主导的北德意志邦联旗帜下，奥匈帝国只得将目光转向奥斯曼帝国影响力减弱的巴尔干半岛，伺机扩张。

1870年7月19日

法国为德意志统一做嫁衣

奥托·冯·俾斯麦认为"普法必须一战,德意志才能统一",煽动向法国开战。法国战败,拿破仑三世与残余部队被俘,他的法兰西第二帝国轰然倒塌。普鲁士占领法国大部分领土,收到战争赔款后才撤军。

这种主权的羞辱以及富庶工业重镇阿尔萨斯-洛林的割让令法国上下悲鸣四起。强烈的民族仇恨在法国人心中生根发芽,为第一次世界大战埋下了伏笔。为了做好与德国发生新冲突的准备,法国的外交事务以此为中心展开活动,法国舆论也呼吁收回割让的省份。普法战争后,北德意志邦联解体,由统一的德意志帝国取代,并由威廉一世和俾斯麦首相领导,同时法兰西第三共和国在巴黎成立。

▲ 普法战争中的法国士兵

1890年3月20日

俾斯麦被迫归隐

威廉二世掌权后,德国外交转向侵略与扩张

▲ 辞职当年的德国首相奥托·冯·俾斯麦

奥托·冯·俾斯麦对于缔造德意志帝国厥功至伟,与法国的新生仇恨使他落下好战之名,但"铁血宰相"是维持中欧稳定的重要力量。他阻止德国鲁莽地追逐殖民地,避免了与列强直接竞争。1876年,他宣称巴尔干半岛战争不值得付出"波美拉尼亚火枪手的健康之骨"。1887年,他与俄国签署《再保险条约》,限制两国间发生冲突的可能。

威廉二世非同寻常地优先继任了他的父亲腓特烈三世的皇位。威廉二世即位后,与俾斯麦冲突不断,1890年宫廷上的恶毒攻击终于迫使俾斯麦辞职。接替他的列奥·冯·卡普里维极力迎合威廉二世,致使《再保险条约》失效,将俄国推向法国的怀抱。卡普里维热衷与英国建立友谊,却永远无法兑现,到了1914年,德国在欧洲已形单影只。

1894年1月4日

法俄强强联手

法国与俄国建立军事同盟

铁树也会开花：民主共和的法国竟然不顾本国民众的抗议与古老的专制帝国俄国彼此勾结，沆瀣一气。

法国认为，法国处在英德两国的包围之中，无法逍遥自在；俄国同样认为，英国在中亚和远东地区威胁了俄国的利益，德国与奥匈帝国的结盟也令其寝食难安。

过去的政府间条约主要是为了防止互相插手对方事务，如今的条约则是为了缔结军事同盟，确保一方遭受攻击时，另一方可以提供帮助。

毫无疑问，法俄结盟是欧洲列强结盟的始作俑者，他们像登山者一样捆绑在一起，一荣俱荣，一损俱损。

▶ 巴黎的尼古拉二世大桥，为纪念法俄结盟而命名

1895年12月29日

南非烫手，德国禁碰

▲ 德兰士瓦共和国总统保罗·克鲁格

数十年来，英国与德国一直存在利益竞争，如今南非地区已成为矛盾的焦点。英国开普殖民地对独立的德兰士瓦共和国突袭失败，最终引发布尔战争。德兰士瓦共和国的独立虽未经英国批准，但得到了祖籍国的坚定支持。

德皇威廉二世起草了对布尔总统保罗·克鲁格的贺信，德国新闻界对此大肆宣传，激起了英国方面的愤怒。英国外交部的弗朗西斯·伯蒂爵士气势汹汹地告诉德国驻伦敦大使，消灭德国海军对英国舰队来说"易如反掌"，德国大使极为震惊。

威廉二世对德国的局限性和政治上的孤立心知肚明，英国的过激反应也在意料之中，因此他决定提升德意志帝国的海军实力，不再将英国视为潜在的盟友，而是潜在的威胁。

1898年7月10日
退一步海阔天空

英国和法国都虎视眈眈，欲控制尼罗河以连通北非的殖民地，两国在非洲的争夺达到白热化阶段，危机一触即发。1882年，英国占领埃及，法国受到很大威胁，迅速派出小股部队前往两国殖民地交界的法绍达（现今南苏丹的科多克）。

1898年7月10日，法军意气风发，他们经过14个月的艰苦跋涉终于占领了法绍达。但实力增强的英军杀了个回马枪，一个小型炮舰舰队在帝国主义政策明星人物霍雷肖·赫伯特·基齐纳的率领下，到达这座孤悬的港口。双方均据理力争，坚称己方有权在此驻扎，最后达成妥协，同意在港口同时升起英国、法国和埃及的旗帜。同时，法国本土的两院议会激烈地讨论战争的相关问题，最后发现胜利取决于海军的实力：法国军舰虽机动灵活，但排水量小，无法与大块头的英国军舰抗衡。于是，法国撤军，双方议定殖民地的法定边界。

▲ 1918年，法国上尉马尔尚在法绍达

法绍达事件后，英法关系恢复正常。清晰的边界划定产生了积极作用，在一定程度上缓解了双方的压力，摆脱了数百年间时断时续的流血冲突，开启了联盟合作的新征程。

1903年6月11日
"黑手会"下黑手

随着塞尔维亚国王命丧秘密组织之手，奥地利与塞尔维亚的友谊也结束了

塞尔维亚国王亚历山大·奥布雷诺维奇属于亲奥地利派，民意支持度极低。当时，政变军官强行闯入王宫，将国王夫妇从藏身之处揪出，残忍杀害。这个惊天丑闻震动了整个欧洲。

这一暴行是"黑手会"所为。"黑手会"是一个激进的民族主义秘密社团，致力于从奥匈帝国与奥斯曼帝国手中恢复"塞尔维亚人"的国土（波斯尼亚、马其顿、克罗地亚等都包括在内）。"黑手会"在塞尔维亚主力部队中盘根错节，新政府因担心成为下一个被无情暗杀的对象，拒绝屈从欧洲各方压力逮捕嫌犯。后来，参与密谋的关键人物德拉古廷·"阿皮斯"·迪米特里耶维奇成为"黑手会"的领导人，他还同时担任塞尔维亚军事情报部门的首脑。1911年，他借助这种强有力的双重身份发动了对奥匈帝国皇帝弗朗茨·约瑟夫的刺杀，但行动失败。3年后，他成功地策划了对弗朗茨·斐迪南臭名昭彰的袭击。

▲ 法国媒体绘制的"五月政变"插图

1905年3月31日
德皇造访丹吉尔
德国离间英法两国的行动失败

1904年4月8日，法国和英国《挚诚协定》签署，结束了两国在非洲和亚洲的殖民争端。为了试探英法两国的协作程度，威廉二世抵达丹吉尔，发表演讲支持摩洛哥独立。法国正计划接管摩洛哥成为其保护国，威廉二世的做法令其十分懊恼。

威廉二世希望利用随后的会议缓解局势，并以此为契机，慷慨给予法国对摩洛哥的有限控制权，使其向德国靠拢，孤立英国。但令他惊讶的是，英国外交大臣爱德华·格雷爵士全力支持法国，德国再一次遭到孤立。丹吉尔危机的解除为1911年阿加迪尔危机的应对提供了借鉴经验，尽管这次德国的赌注更高——一艘德国战舰沿海岸游弋宣示利益，法国和西班牙的部队在摩洛哥街道上部署，但德国人的目标一如既往，结果却丝毫未变：法英两国的军事依存度有所提高，法国守住了摩洛哥，顶住了德国的政治攻势。

▲ 1905年《笨拙》周刊的卡通画讽刺威廉二世是摩洛哥不招人待见的朋友

1905年9月5日
日本遏制俄国的殖民扩张

▲ 日本骑兵渡过鸭绿江，进入俄国控制的中国东北地区

俄国在亚洲的殖民野心日益膨胀。1904年2月8日夜间，日本人对停泊在亚瑟港（现为旅顺口）的俄国舰队发动了毁灭性攻击。

日本对俄国的这一打击不仅使沙皇专制政权因1905年革命而濒于覆灭，而且迫使俄国将目光投向西方以扩大其影响力。朝野各派着眼于提升俄国在斯拉夫地区的影响力，东正教民族主义势力也有所增强，俄国的外交政策越来越集中于保加利亚和塞尔维亚。同时，为了使黑海的舰队自由出入地中海，俄国夺取土耳其海峡控制权的欲望也越发强烈。

1908年10月6日
奥地利接管波斯尼亚

▲ 一幅法国插图，隐喻奥地利皇帝弗朗茨·约瑟夫从土耳其手中夺走波斯尼亚

1878年起，奥匈帝国部队就已进驻奥斯曼帝国波黑行省，奥斯曼帝国的统治权有名无实。俄国外交大臣亚历山大·伊兹沃尔斯基与奥匈帝国外交大臣阿洛伊斯·艾伦塔尔经过一系列书信往来与6小时密谈，达成协议，俄国同意修订1787年条约，准许奥匈帝国全面控制波斯尼亚。当奥地利人宣布自己的主张时，伊兹沃尔斯基像其他欧洲政治煽动者一样义愤填膺（但绝没有像塞尔维亚那样出离愤怒）。当维也纳威胁要公开秘密会议纪要证明伊兹沃尔斯基两面三刀时，俄国才退缩并迫使塞尔维亚接受吞并的结果。

这一事件促使塞尔维亚民族主义和公众仇恨的对象发生了转变，至今仍是困扰马其顿和科索沃的心魔。同时，如果奥匈帝国接管波斯尼亚，意大利作为与奥匈帝国和德国三国同盟的一员，则将根据多年前的承诺获得克罗地亚的海岸领土。但奥匈帝国背信弃义，意大利政府愤愤不平。1915年，意大利一怒之下加入了三国协约集团。

1911年9月29日
饿虎扑食的意大利

意大利入侵利比亚，触发第一次巴尔干战争

英国和法国瓜分了奥斯曼帝国的边疆，意大利则突然入侵奥斯曼的中部省份利比亚，世界其他国家都为之一惊。意大利运用先进技术结合空中侦察，很快占领主要城市，之后却陷入游击战与反击战的泥潭。同时，意大利人对多德卡尼斯群岛（希腊最南端的岛屿）发动了粗暴的海上攻击，土耳其人伤亡惨重，被迫进入防御状态。

这在巴尔干半岛引发了连锁反应（由俄国驻贝尔格莱德大使挑动），导致第一次巴尔干战争爆发。意大利对利比亚的占领表明其在外交关系上已经疏离了传统盟友。他们事先没有征询三国同盟伙伴德国和奥匈帝国（两国都致力于保持奥斯曼帝国的完整性）的意见，直接与法国和英国休战了。

▲ 1911年意大利炮兵在利比亚的黎波里附近

1912年1月21日
法国投票支持民族主义

反德强硬派雷蒙·普恩加莱在民族主义浪潮中当选总理,1911年7月阿加迪尔危机后,他突然转向右倾。1913年,他出任总统,加强了对外交政策和最高战争委员会的控制,并派出资深政治家蒂菲奥勒·德尔卡塞(被威廉二世称作"威胁德国的最危险的法国人")担任驻俄国大使,以更好地协调法俄两国的军事战略。

普恩加莱政府为战争做准备时,很可能通报了俄国大使亚历山大·伊兹沃尔斯基,俄国因第一次巴尔干战争与奥匈帝国发生任何冲突,都会得到法国的支持。

法国政府的鹰派认为,俄国的全力以赴是巴尔干战争获胜的最有力保证,而且奥匈帝国对塞尔维亚的入侵将使二元君主制陷入瘫痪,协约国盟友就可以放开手脚应对德国。

▲ 雷蒙·普恩加莱,1913年至1920年担任法国总统,1912年至1929年三度出任法国总理

1912年2月12日
英德两国军事谈判破裂

对舰船制造设置上限?免谈

两国因疯狂进行舰船制造竞赛已经筋疲力尽,但这种狂热也构筑了英国民族自信的脊梁,德国则同样提升了国际地位。英国战争大臣查德·伯顿·霍尔丹秘密访问柏林,试图制止军备进一步升级。

国家尊严的平衡往往太过脆弱。德国希望英国承诺在以后的任何冲突中都能保持中立,而英国将海军优势作为筹码,却没有因此得到德国的慷慨回馈。

结果,霍尔丹空手而归,海军建设并未减速,更加重要的是,德国将英国进一步推向了与俄国和法国的军事结盟。

海军军备竞赛
每年建设的战列巡洋舰

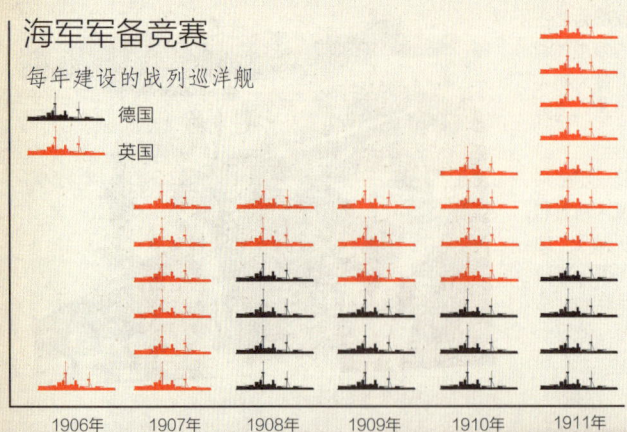

▲ 1905年,建设中的皇家无畏号

1912年9月30日
俄军大秀肌肉

第一次巴尔干战争如火如荼,俄国将炮口对准奥地利

一年前,意大利入侵了奥斯曼帝国控制的利比亚,巴尔干同盟成员国塞尔维亚、保加利亚、希腊和黑山都加快步伐从奥斯曼土耳其手中夺取领土,其保护国俄国已经明确表示支持。

如果奥匈帝国对边界发生的潜在变化大惊失色,那么看到沿波兰边境与奥匈帝国接壤处迅速集结的五六万名俄国后备军一定更让他们担惊受怕。这是俄国对其竞争对手的第一个重大攻击行动,打破了交易破裂秘而不宣的传统,为1914年的世界大战埋下伏笔,塞尔维亚强烈的保家卫国意识将在战争中吞噬地球上众多生命。

俄国外交大臣谢尔盖·索佐诺夫指出,如果发生冲突,"我们可以依靠法国和英国的切实支持"。

▶ 谢尔盖·索佐诺夫,1910年至1916年担任俄国外交大臣

1913年10月17日
塞尔维亚挖开阿尔巴尼亚的墙脚

第二次巴尔干战争让奥匈帝国见识了残忍的暴力

第一次巴尔干战争中巴尔干同盟的攻城掠地令奥匈帝国如临大敌。如今第二次巴尔干战争打响,参战各方都想巩固自己的既得利益。塞尔维亚对马其顿取得了碾压式的胜利,已经挺进阿尔巴尼亚与科索沃,控制了大片领土,令各方忧心忡忡。塞尔维亚肆意滥杀的报道接踵而至,甚至有传言说奥匈帝国驻科索沃普利兹伦的执政官遭绑架并被阉割。

塞尔维亚面对质询,要么佯装一无所知,要么谎称撤军,奥匈帝国愈来愈明确,塞尔维亚不可理喻,只能诉诸武力。1913年10月17日,奥匈帝国给塞尔维亚8天时间撤出争议领土,否则兵戎相见,俄国建议塞尔维亚顺从对方的要求。10月26日,阿尔巴尼亚从塞尔维亚的铁蹄下解放出来。阿尔巴尼亚下达最后通牒的成功以及对俄国暗中支持的有效遏制,使维也纳当局尝到了甜头,试图在1914年如法炮制,但结果大相径庭。

▲ 第二次巴尔干战争期间,塞尔维亚士兵在马其顿

1913年12月14日

君士坦丁堡唯德国马首是瞻

巴尔干战争期间，俄国将对土耳其海峡的垂涎暂时放在一边，但从未放弃这一长远目标。1913年12月14日，奥托·利曼·冯·桑德斯率领德国军事代表团到达君士坦丁堡，负责训练和指挥奥斯曼帝国第一军团和土耳其海军。奥斯曼帝国的部队在巴尔干半岛一败再败，颜面尽失，对英国海军的出现也如惊弓之鸟。

尽管德国为了避免外交危机进一步升级，做出了巨大让步（但也令德国民众极为不满），但俄国未能从极度仇德的德尔卡塞法国政府那里获得支持，这提醒俄国，虽然英法俄三国签订了协约，彼此的关系却亲疏有别。

俄国第一次将德国视为直接威胁，而非奥匈帝国。他们意识到只有欧洲爆发全面战争，他们才能掌控土耳其海峡。这场战争也将法国，特别是英国拉了下水。

▲ 1914年，利曼·冯·桑德斯与他的奥斯曼帝国参谋官一起合影

1914年6月21日

塞尔维亚发出预警，但语焉不详

塞尔维亚首相向奥匈帝国预警斐迪南将遭暗杀

1914年6月，塞尔维亚首相尼古拉·帕西奇向塞尔维亚驻维也纳公使馆发送电报，警告将有一场针对弗朗茨·斐迪南大公的暗杀阴谋。1914年6月21日，塞尔维亚驻维也纳公使约万诺维奇拜会奥匈帝国财政大臣，他极其隐晦地提醒，斐迪南大公的波斯尼亚之旅恐以悲剧收场。帕西奇并未就潜在威胁与奥匈帝国外交大臣直接沟通，而是选择通过约万诺维奇——据传闻，波斯尼亚被奥匈帝国吞并后就是在他指挥下展开的游击战争——进一步告知奥匈帝国高层的某个人，而且尽可能含糊其词，让人感觉是捕风捉影，难以取信。可见，帕西奇要让人知道他发出了预警，但又希望对方不一定当真。

▲ 1919年，塞尔维亚首相尼古拉·帕西奇

1914年6月28日

斐迪南大公遇刺

　　1914年6月28日，奥匈帝国皇帝弗朗茨·约瑟夫的侄子、皇储弗朗茨·斐迪南大公与妻子索菲在波斯尼亚首都萨拉热窝视察部队期间被枪杀。扣动扳机的是激进的波斯尼亚塞尔维亚族学生加夫里洛·普林西普，他来自秘密军事社团"黑手会"，而"黑手会"有塞尔维亚军队密谋者暗中撑腰并提供武器装备。

　　斐迪南大公遇难虽令人悲痛，但也为哈布斯堡王朝遏制好战的塞尔维亚提供了必要的借口。事实上，弗朗茨·斐迪南是奥匈帝国军方智囊的领袖，主张用联邦的形式改组奥匈帝国。

　　奥匈帝国斯拉夫社区大多数百姓仍然忠于弗朗兹·约瑟夫本人，只是对政府不满。如果政府的代表性增强，便可削弱塞尔维亚对克罗地亚和波斯尼亚的影响，进而平息斯拉夫社区的独立诉求。这将对俄国釜底抽薪，使其自称的"保护"斯拉夫人和东正教基督徒的使命成为无本之木。但这样的政策从未得到出台的机会。

▲ 加夫里洛·普林西普开枪后很快被奥匈帝国警察逮捕

1914年7月23日

奥匈帝国宣战

政治结盟导致战争的"多米诺骨牌"效应

　　奥匈帝国政府担心公众舆论不支持战争，自1912年以来一直在伺机寻找正当理由。为了将巴尔干新贵置于死地，他们甚至发出了塞尔维亚几乎无法接受的最后通牒。威廉二世在柏林对奥匈帝国表示支持，他指示德国驻维也纳大使："我们必须尽快与塞尔维亚断交。事不宜迟！"奥匈帝国提出的条件极尽侮辱之能，塞尔维亚无法接受。1914年7月28日，奥匈帝国向塞尔维亚宣战。各国就像一连串的多米诺骨牌那样崩塌，俄国、德国、法国、英国及其所有海外领地都卷入了战争。随着第一次世界大战的推进，意大利、奥斯曼帝国、日本紧随其后，美国也最终参战。

▲ 第一次世界大战期间埃纳河畔的德军国战壕

刺杀斐迪南大公

时间：1914年6月28日
地点：波黑萨拉热窝

纵观历史上的刺杀事件，奥匈帝国皇储弗朗茨·斐迪南大公遇刺是最为惊心动魄、影响最深远的事件之一。1914年6月28日，斐迪南大公在现今波黑的首都萨拉热窝被枪杀，枪声震荡了整个世界，直接导致第一次世界大战的爆发。很多历史学家认为，这一声枪响造成了近千万名士兵死亡，夺走了无数无辜平民的生命。

这次暗杀源于奥匈帝国南斯拉夫省企图分裂并建立大塞尔维亚的民族主义情结，这种情结导致塞尔维亚与周边国家矛盾重重，争端不断。1913年年末，暗杀行动开始紧密筹划。波斯尼亚塞尔维亚族东正教徒达尼洛·伊利奇是萨拉热窝塞尔维亚"黑手会"恐怖组织的负责人，他决定前去拜访该组织的创始人之一——塞尔维亚上校C.A.波波维奇。"黑手会"是一个秘密的军事组织，其目标是夺回当时由奥匈帝国或其他大国控制的塞尔维亚历史领土。其座右铭是"不统一，毋宁死"，专门采取秘密行动促进建立大塞尔维亚的大业。但是，伊利奇不再相信这种行动方式会取得成功，建议波波维奇直接行动。最初他们曾考虑将波斯尼亚总督当作暗杀目标，后来最终商定将斐迪南大公当作暗杀对象。

斐迪南大公在6月造访萨拉热窝时，暗杀行动将付诸实施。5月26日，伊利奇招募了一队波斯尼亚塞尔维亚族年轻杀手，为他们配备了武器。6月4日，6名杀手齐聚萨拉热窝，准备行动。伊利奇准备了手枪、炸弹和刀具，此外还给每名杀手分发了自杀药片，以真正履行"不统一，毋宁死"的誓言。随后，斐迪南大公被刺杀，他的妻子索菲公爵夫人同时罹难。

刺杀行动成功，但杀手和"黑手会"主谋被捕，被判监禁或执行死刑。一个人的死亡导致了一系列连锁反应。7月，奥匈帝国发出最后通牒，要求塞尔维亚在48小时内接受一系列苛刻要求，否则塞尔维亚驻奥匈帝国大使将被驱逐。塞尔维亚拒不接受，7月28日双方集结部队开战。欧洲列强之间缔结的一系列联盟使俄国、法国、英国和德国被迫选边站，世界有史以来最残酷、最血腥和代价最高昂的战争拉开了帷幕。

最后的遗言
刺杀发生时,弗朗茨·冯·哈拉赫伯爵正站在车的侧踏板上。根据他的备忘录,斐迪南大公最后的遗言是:"索菲,索菲,你不要死。为孩子们活下去!"人们问他是否伤到了,他还说了句"我没事"。

杀人凶器
杀手加夫里洛·普林西普使用的武器是一支比利时生产的 FN1910 型半自动手枪,使用 0.38 口径柯尔特自动手枪弹。普林西普当时距离汽车 1.5 米,连开两枪,分别击中了斐迪南大公及其夫人。

双排座敞篷车
斐迪南大公与夫人遇刺时乘坐的是格拉夫–史蒂夫特公司的双排座敞篷车。这辆车与萨拉热窝市市长和警察局局长等人乘坐的汽车组成了6辆车的车队。1914年6月28日,车队遭到一枚炸弹袭击,20人受伤。

黑手会
杀手来自一个波斯尼亚塞尔维亚人的地下分裂组织,该组织协调人达尼洛·伊利奇是秘密军事组织"黑手会"的成员。该组织的目标是制造事端,使南斯拉夫地区从奥匈帝国分裂出去。

奥匈帝国

为国捐躯的弗朗茨·斐迪南

对那些一心复国的塞尔维亚人来说，奥地利大公、匈牙利与波西米亚亲王弗朗茨·斐迪南很令人生厌。
长处：健硕勇武、精力充沛的领袖。
弱点：孤傲冷漠、狂躁易怒。

1911 款双排座
豪华车型
速度卓越，外观华美，1911 款双排座引领一时风尚。
长处：比步行、骑马更机动、更灵活。
弱点：没有装甲防护，空间狭小，行动不便。

斯太尔 M1912 手枪
时尚耐用
这种奥地利生产的半自动手枪短距离攻击威力强劲，小巧，易于藏匿。
长处：奥匈帝国警察和军人配枪，可靠实用。
弱点：长距离攻击的准度差。

01 组成车队
6月28日早晨，弗朗茨·斐迪南大公乘火车到达萨拉热窝。总督奥斯卡·波蒂奥雷克前来迎接，他们一起走向等候的车队，坐上了 6 辆车中的第 3 辆——格拉夫-史蒂夫特公司 1911 款双排座敞篷车。

02 设好陷阱
刺杀行动策划人达尼洛·伊利奇开始将杀手分布到车队在萨拉热窝的行经路线上。6 名杀手都是波斯尼亚年轻人，配备了刀、枪、炸弹和自杀药片。大公的车队离开火车站时，伊利奇确定了路线。

03 经过莫斯塔尔咖啡馆
伊利奇将第一名杀手穆罕默德·梅赫梅德巴希奇安排在城市花园前著名的莫斯塔尔咖啡馆。他携带了一枚炸弹，伊利奇指示他将炸弹扔向车队。但是，在车队经过时，梅赫梅德巴希奇竟然没有反应，他的同伙瓦索·库布里洛维奇带了炸弹和枪，也没有反应。

04 米里雅茨卡河
米里雅茨卡河蜿蜒流过萨拉热窝市区，伊利奇在河岸安排了第三名杀手内德尔科·查布里诺维奇守株待兔，并携带一枚炸弹。10 点 10 分，斐迪南大公车队经过，他把炸弹直接扔到双排座车车尾上，炸弹在折叠车顶上弹起，落到后面的车下。炸弹爆炸，把那辆车炸得七零八落，路上也炸出一个大坑，20 名路人被溅起的碎片击伤。

10 共赴黄泉
普林西普本来怅然若失，觉得辜负了他和伊利奇追求的事业，但第二次机会从天而降。电光石火之间，他扣动扳机，在距车 1.5 米左右的地方用半自动手枪连开两枪。第一枪击中了斐迪南大公的颈动脉，第二枪击中了公爵夫人的腹部。两枪都是致命伤，索菲几乎立即身亡，斐迪南几分钟后也随之而去。

09 普林西普的第二次机会
加夫里洛·普林西普袭击斐迪南大公失败后,走进了附近的一家食品店——席勒甜品店。在离开这家小店时,他看到了那辆车。司机走错了路,正准备掉头开往医院。司机倒车时,斐迪南大公夫妇和随从都在敞篷车里。

08 加强保卫
10点45分,斐迪南大公欢迎典礼结束,他和随从们离开市政厅。弗朗茨·冯·哈拉赫伯爵仍觉得危机四伏,潜在的暗杀还在伺机而动,他决定站在车的踏板上亲自护卫。车辆获准避开市中心,直接开往萨拉热窝医院。

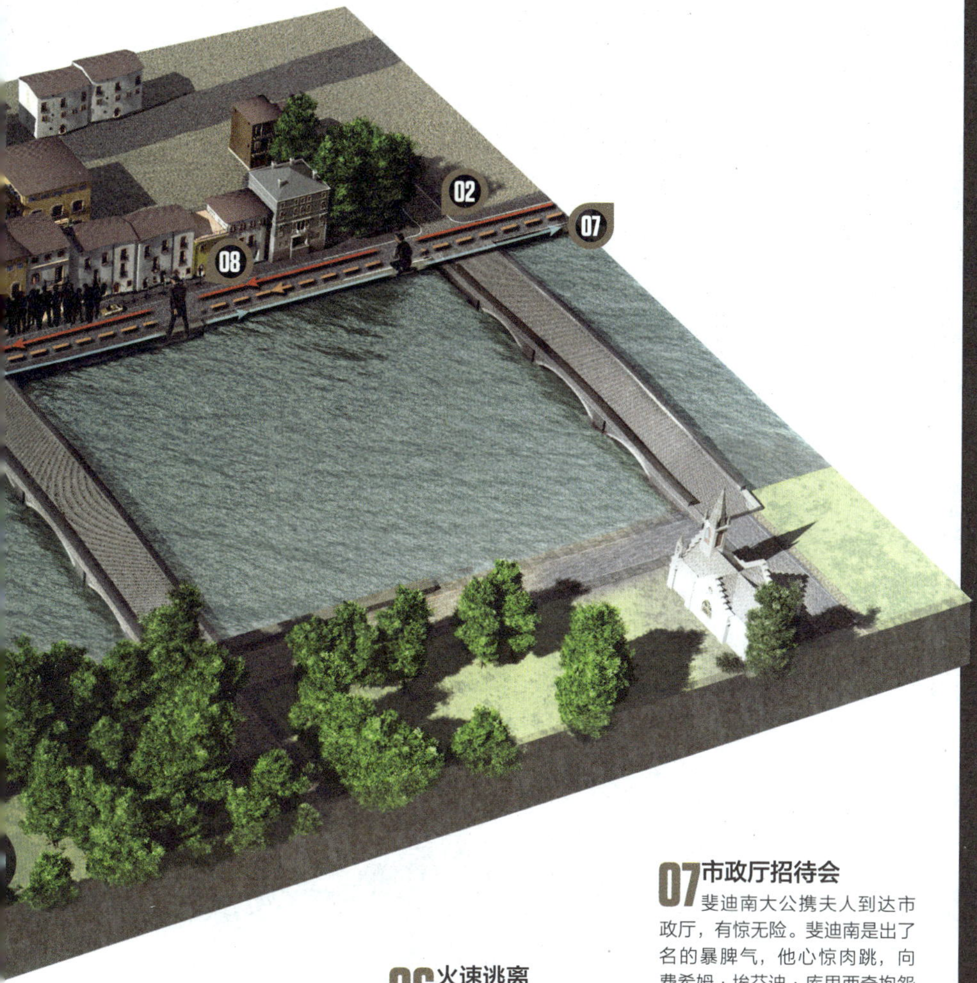

"黑手会"

沦为杀手的教师达尼洛·伊利奇
20世纪初,达尼洛·伊利奇从一名教师变成一名杀手。为了避免被判死刑,他被捕后招认了所有罪行。
长处:精于策划秘密行动。
弱点:无实战经验,缺乏战术灵活性。

躲在阴影下的杀手
一些人参过军,训练有素,出于对统治者的忠诚而大开杀戒;另一些人则是出于私愤,半路出家,手段业余。
长处:秘密结社,隐于人海。
弱点:装备较弱,出其不意才能奏效。

07 市政厅招待会
斐迪南大公携夫人到达市政厅,有惊无险。斐迪南是出了名的暴脾气,他心惊肉跳,向费希姆·埃芬迪·库里西奇抱怨说:"我就是来这儿看看,结果挨了炸弹。是可忍,孰不可忍。"尽管惊魂未定,斐迪南大公还是答应市长继续在当天的典礼上致辞,他感谢萨拉热窝人的热烈欢迎阻止了这次袭击。

06 火速逃离
剩余的车辆意识到正在遇袭,顾不上受损车辆,从爆炸现场火速赶往萨拉热窝市政厅。车队风驰电掣,从伊利奇剩余三名杀手——茨维特科·波波维奇、加夫里洛·普林西普和特里福恩·格拉贝日身边呼啸而过,他们无法实施行动。

05 为祖国献身
查布里诺维奇完成"壮举",立刻被发现。他被包围时,迅速吞下氰化物药片,跳进米里雅茨卡河。但药片并没有达到预期效果,他剧烈呕吐后,活了下来。警察把他从河里拖上来,爆炸的幸存者将他一顿痛殴。

FN1910 手枪
耐用持久
这款FN1910设计简单,紧凑稳定,持久耐用,直到1983年还在生产。
长处:紧凑易控,可以六连发。
弱点:长距离攻击准度差。

·33·

战火燃遍世界

重温第一次世界大战历史，探究它对世界产生的影响

36	第一次世界大战里的"第一次"
48	暴风突击队的猛烈冲锋
62	印军时间轴
64	战时社会：1915年的伦敦
70	齐柏林飞艇战
80	堑壕战
83	俄国陆军之殇
94	德意志帝国的反击

第一次世界大战里的"第一次"

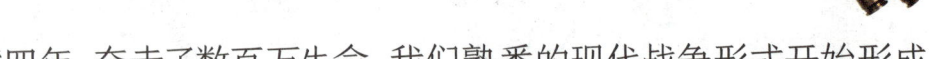

战争持续四年,夺走了数百万生命,我们熟悉的现代战争形式开始形成。

随着堑壕战的僵持,欧洲列强逐渐意识到战争性质已经发生了不可逆转的变化。在技术发展日新月异的时代,参战各方都可以随时采用新方法攻击敌人,保护自己。机动车辆的发展促成坦克的诞生,制服从鲜艳的彩色变成有利于隐蔽的迷彩,化学武器成为战场上最新的杀伤武器。战争充斥着破坏与毁灭,也见证了许多我们今天仍广泛使用的创新的出现,例如对士兵进行的智商测试和血库的建设。第一次世界大战曾被称为"结束一切战争的战争",但也标志着科学、社会和政治新时代的开端。

化学战

人们认为这种作战手段令人不寒而栗,不能使用,在大战爆发的7年前,便明令禁止,但随着战争的暴风雨来临,化学武器竟成了各方的重要杀伤性武器

01 化学武器其实不是什么新鲜事,文艺复兴时期的达芬奇就曾发明使敌人窒息的化学武器"配方"。1915年4月22日17点左右,伊普尔的英法联军看到一片黄绿色云团从无人区飘了过来。根据1907年的《海牙公约》,使用毒气是非法的,但德国人已开始大规模使用。到1915年年底,双方的装备中都装有这种剧毒武器。芥子气造成的伤亡人数最多。一旦吸入芥子气,人体便从内向外腐烂,皮肤起泡后,痛不欲生。这些症状可能持续5周,直至受害者死亡。如果受害者死里逃生,累累伤痕将伴随其一生。

交战各方对此并未做好防范。起初,唯一的防护措施是用一块浸过尿液的布片蒙在嘴和鼻子上,但到了1915年,英军全军都已配备了新设计的河马头盔。这种头盔连着一个带有明胶窗口的绒毛布袋,可以覆盖整个头部。1916年,士兵们收到了小型盒式呼吸器,上面有一个吹嘴通过软管连接到一个盒式过滤器。这种设计成为未来多年一直沿用的标准范式。

▶ 1917年帕斯尚尔战役中佩戴防毒面具的士兵

防毒面具

02 1916年研制成功的小型盒式防毒面具是有史以来第一款实用有效的防毒面具。

目镜
由明胶材料制成。提拉面罩外侧松软的织物，可以轻松擦去目镜上的冷凝物。

金属连管
呼出的空气通过挡板式止回阀排出嘴外，并沿着金属管子最终排出。

软管
过滤后的空气通过橡胶软管吸入体内，该软管与固定在牙齿之间的潜水呼吸管形吹嘴连接。

盒子
用金属锡制成，里面填充了优质活性炭和化学药品，用来过滤空气。

钢盔

直到有战士被弹片击中,军方才考虑配备钢盔

03 白刃战时代刀枪无眼,武士们走上战场都要佩戴头盔保护整个头部,以免被刀剑砍伤。随着近距离战斗时代的结束,隐蔽性和机动性变得越来越重要,部队开始采用布质盔帽,但这种盔帽无法抵御第一次世界大战的现代炮火。1915年,法国重新评估了制服政策。法国政府负责军需物资的总干事奥古斯特-路易·阿德里安巡查医院时,询问一名士兵头部受伤后是如何死里逃生的,士兵告诉他是因为他把金属锅戴在了帽子下面。阿德里安深受启发,他从巴黎消防队借来消防头盔,开始试验新型军用头盔。7月,M15型阿德里安头盔推出,立即获得成功,0.7毫米的厚度是其突出特点。

火焰喷射器

火焰喷射器貌似威力无穷,其实是纸老虎

◀ 火焰喷射器必须借助掩体进行攻击,因此只有交战双方的战壕相距较近时效果才会立竿见影

04 1900年,理查德·菲德勒在柏林发明了火焰喷射器,但11年后才交付德国军方使用。堑壕战的近身距离交火对这种短程武器的需求激增。1915年2月26日,德国第3近卫先锋军团在马朗库尔首次使用该武器。伊普尔战役共使用火焰喷射器6次,距离战壕不到4.5米的距离。但是,大部分人员伤亡并非由火焰直接造成,而是士兵躲避火焰间接所致。1915年使用的火焰喷射器携带的可燃液体只能持续2分钟。尽管如此,德军仍在战争期间使用火焰喷射器进行了300多场战斗。

维克斯 FB5 战斗机

原产国： 英国
翼展： 9 米
最高时速： 112 千米

维克斯 FB5 双翼飞机是世界上第一架实战战斗机。如其名称所示，该战机是其概念机的第 5 代更新机型，1914 年圣诞节第一次升空，1915 年 2 月用于西线作战，但因其攻击速度太慢，第二年逐渐被淘汰。

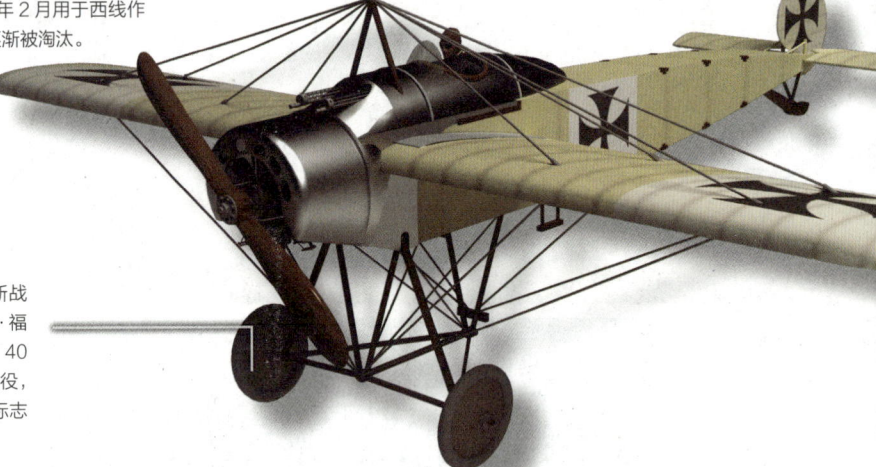

福克尔 EI 战斗机

原产国： 德国
翼展： 9 米
最高时速： 130 千米

该战斗机只生产了 54 架，与维克斯战斗机一样，服役两年。发明家安东尼·福克尔在"一战"期间为德国创制了 40 种机型，EI 战斗机第一批进入空军服役，这种单翼战斗机控制了西线空域，标志着"福克尔灾难"时代的降临。

莫兰－索尼耶 L 单翼机

原产国： 法国
翼展： 12 米
最高时速： 125 千米

莫兰－索尼耶 L 单翼机装备了刘易斯机枪，它是第一架可以从螺旋桨处开火的战斗机，其螺旋桨上的子弹偏导片可以保护螺旋桨免遭击伤。非比寻常的是，这种飞机或其改进机型在法国空军、英国皇家飞行大队、英国皇家海军航空兵和俄国空军得到广泛应用，德国空军也批准使用该机型。

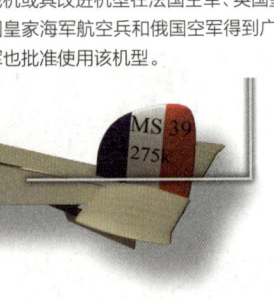

战斗机编队

从飞艇（最著名的应该是德国的齐柏林飞艇）到双翼战斗机，第一次世界大战中飞机逐渐脱颖而出

▲ 随着空战的启动，欧洲西线的空中混战成为家常便饭

05 1917年6月21日，奥威尔·莱特在信中写道："我们兄弟二人建造并试飞了第一个载人飞行器，我们认为，将这项发明推向世界可以切实遏制战争的蔓延……交战各方应该认识到战机突袭并不能赢得战争。"因此，莱特的观点是：飞机应该用于侦察，以便快速侦测大部队的一举一动。的确，侦察是战争中的一项重要任务，但干扰敌方的侦察同样重要。法军首先采取了有效的应对策略。1915年4月1日，法国飞行员罗兰·加罗斯驾驶飞机升空，其座机装备了一挺机枪，可从螺旋桨向外开火，他首次飞行便击落了一架德国侦察机。法德两国很快开发了专用战斗机与轰炸机，欧洲上空的混战成为家常便饭。1917年4月，英军飞行员的职业生命平均只有11天。大战结束后，莱特写道："飞机令战争如此惨无人道，我认为任何发动战争的国家都不应对此掉以轻心。"

航空母舰

飞机游弋于战场之上，新的起降方式随之迅速登场

06 英国皇家海军的第一艘航母是1912年服役的皇家赫耳墨斯号，它是一艘甲板上设有跑道的舰船，载有两架通过推车推进起飞的水上飞机。两年后，由英吉利海峡的客轮改装而成的女皇号、恩加丁号和里维埃拉号航母在黑尔戈兰岛落锚，发动第一波攻击，袭击了德国库克斯港海军基地的齐柏林飞艇停机棚。当年，第一艘航母（虽然最初的设计目的并非如此）皇家方舟号下水，舰长112米，甲板下面的机库可容纳10架水上飞机。该航母被派往达达尼尔海峡，1915年2月第一架飞机从船上起飞。皇家暴怒号航母是第一艘搭载轮式飞机的航母，但是舰载机无法返回，完成任务后必须回到陆上基地。

坦克

第一次世界大战前，士兵们对战场上的骑兵攻击习以为常。当第一台坦克隆隆驶入战场，一名德国士兵惊呼："魔鬼来了！"

07 牵引引擎与汽车工业的发展让坦克应运而生。早在1900年的布尔战争期间，英国研制出第一辆自驱动装甲车，法国、奥匈帝国、德国和英国的工程师们就提议生产履带式装甲车，却遭解雇。第一次世界大战期间，比利时、法国和英国临时将汽车改造成装甲车，但在堑壕战中难显身手。战场上泥泞不堪，装甲车寸步难行，很快陷入困境，动弹不得。参战各方在几次折戟之后，意识到他们需要一种可以轻松跨过堑壕的交通工具，冲上山坡，切断铁丝网，为步兵提供掩护。1915年，英国制造出第一辆坦克，绰号"小威利"。第二辆被称作"大威利"，其改进版本"威利之母"随后出厂。1916年，这些坦克第一次在弗莱尔-库尔塞莱特战役中亮相，令德军惊恐万状。一辆坦克攻占了一个村庄，另一辆坦克控制了300名德军的战壕。其实德军有所不知，第一批坦克非常低效：操控坦克的士兵毫无经验，49辆坦克中有17辆在赶赴前线的路上抛锚，剩下的坦克中只有21辆发挥了作用。1917年，英军坦克在康布雷战役中第一次获胜，但这款坦克的速度太慢。1918年推出的14吨中等A型坦克时速每小时12千米，续航里程120千米。坦克（TANK），顾名思义，若不装备枪炮，貌似一辆运水车。

外形
坦克后部呈扁菱形，有利于保持履带与地面的接触。

弹药
机枪子弹的长度为5.6厘米，储存在特制的金属保护箱中。

发动机
发动机设在坦克后部，其运转散发的热量形成50摄氏度的高温，令坦克兵苦不堪言。

多余的轮子
坦克后部有2个轮子，用来辅助转向，但易于受损，几乎毫无用处。

出入口
坦克侧面有一个凸出的装甲仓，坦克兵在此操控坦克。

武器配备
坦克架设了2挺机枪、2门6磅火炮。

> 制造商：威廉福斯特公司
> 投入使用时间：1916年9月15日
> 机组人员：8人（4名驾驶员，4名炮手）
> 重量：28吨
> 长度：10米
> 武器装备：2门2.24英寸（57毫米）霍奇基斯6磅（2.7千克）火炮
> 时速：6千米
> 续航里程：39千米
> 发动机型号：福斯特-戴姆勒105hp

英国 I 型坦克

温斯顿·丘吉尔向陆军部施压,要求他们研制一种防弹装甲车。1916年,坦克投入生产,但有些人不以为然。陆军元帅道格拉斯·黑格说:"用这些铁壳子车代替骑兵冲锋真是异想天开。"

顶部
该坦克没有架设炮塔,因为设计者认为炮塔可能造成坦克倾覆。其顶部是一张固定在木制框架上的金属丝网,保护机组人员免受手榴弹袭击。

▲ 英国 I 型坦克是世界首台作战坦克。

履带
履带传动使坦克以每小时 7 千米的速度向前运行。

人员配备
一辆坦克有 8 名机组人员:前面 2 名驾驶员,后面 2 名驾驶员,4 名炮手。

缩略字母
首批坦克的侧面印有"H.M.L.S."字样。这些字母代表皇家陆运船,即该交通设备的原始称呼。

导盲犬

08 1916年8月,奥地利奥尔登堡军犬学院成立,成为第一所导盲犬培训学校。战争期间,很多人因芥子气或炮弹爆炸冲击波致盲,急需导盲犬协助。第一只毕业的导盲犬被分配给致盲老兵保罗·费因。一年中,100只狗受训成为导盲犬。截至1919年,共发放了539只导盲犬。

移动式X光机

09 1914年,居里夫人发明了"小小居里家族"移动式放射线照相术,可在战场附近使用X光协助医生。她创建了法国第一个军用放射成像中心,装备了20台移动式X光机,还在一所战地医院配置了200台。100多万伤病员借助X光设备,得到妥善治疗。

血库

10 如何将血液保存超过几个小时这个问题一直困扰着军医。1917年,在加拿大部队服役的美国医生奥斯瓦尔德·罗伯逊博士提出将血细胞保存在葡萄糖罐中,通过冷藏救护车运往前线,可一直保持低温状态,需要时添加生理盐水溶液后即可使用。

参军的女性

女人能做的可不仅仅是围着厨房转,成千上万女性自愿去军中服役

11男人去前线杀敌,女人往往留在后方。英国女权主义者艾米琳·潘克斯特激励女性不要满足于"照顾伤兵或者织补袜子",结果催生了第一个政府支持的组织——女子粮草军团,随后女子林业军团和女子农业军团相继成立。1917年,女子陆军辅助团建立。3月,首批14支陆军辅助团——主要由厨师和伙食服务员组成——开赴前线。尽管女性在军中服役,但只被分配从事文书、烹调、清洁和其他"服务"工作。1921年9月,该兵团解散。

第一次世界大战期间,美国海军预备队开始引入"约曼"(女性)兵种。她们通常被称作"女约曼",第一位女约曼是洛丽塔·珀菲克塔斯·沃尔什。女约曼每月获得的薪酬是28.75美元,与男性相同,但她们的工作跟英国同行一样,在军中做打字员、速记员、会计、记账员和电话接线员。随着科技发展,战争的各个部门共招募了11274名女约曼参军。很多女约曼驻扎在首都,但也有一些被派往英国、法国、波多黎各、维尔京群岛、巴拿马运河区、关岛和夏威夷地区。第一批到美国海军服役的16名黑人妇女来自所谓的"华盛顿黑人精英家庭"。

▲ "一战"和"二战"期间,乔伊·布莱特·汉考克在军中服役,1942年成为第一批女军官

▲ 1918年第一次世界大战结束后,英国女子陆军辅助团参加伦敦阅兵

▲ 第一次世界大战四巨头：英国首相劳合·乔治、意大利总理维托里奥·奥兰多、法国总理乔治·克列孟梭和美国总统伍德罗·威尔逊

总统的欧洲之行

伍德罗·威尔逊总统告诉美国人，他的"14点和平原则"可确保战后和平。他亲临欧洲督促政策的落实

12 你死我活的战争结束了，人们现在为和平而战。1918年12月14日，阳光明媚，威尔逊总统携夫人抵达巴黎，开始首次欧洲之行。威尔逊对和平会议的推迟感到恼火，但德国人和奥地利人并不着急，麻木的法国人和英国人等待着大选的结果。在法国期间，威尔逊一家人参加了无数次会议、午餐和晚餐，并与美国远征军在寒冷的肖蒙地区一起度过了圣诞节。第二天，威尔逊夫妇出发前往英格兰，乔治国王和玛丽王后在查令十字车站迎接，之后前往白金汉宫。后来伦敦市政厅也为威尔逊总统举行了欢迎仪式。1919年1月1日，他返回法国，然后转赴意大利。威尔逊再次回到巴黎后，恨不得立刻召开和平会议。1月18日，会议开幕，达成了5项主要和平条约，其中包括《凡尔赛条约》和《国际联盟盟约》。

▼ 军队贝塔测试的一部分，用以评估新兵的几何构建能力

士兵智商测试

为了避免随意指定军官或冲锋的士兵，美国对军人进行了潜能测试

13 最初，该测试包括两次考试：识字者参加了阿尔法（Alpha）考试，不识字和不会说英语的士兵参加了贝塔（Beta）考试。阿尔法考试测试"语言能力、数字能力、接受指令的能力和信息知识"。贝塔考试则是一项非语言测试，测试官使用图表和动作模拟完成测试。

两项考试的成绩从高到低，都划分为A级（"很优秀"或备选的军官级）至E级（"很差"、低等兵，甚至被开除）。贝塔考试结果还用来考评已在军中服役的士兵，以确认被测士兵确实是智力低下而不是故意装疯卖傻。第一次世界大战后，阿尔法考试和贝塔考试均已停止，其结果发表在1921年的《陆军报告》中。

军队贝塔测试

不识字的、未受过教育的或不会说英语的新兵需要完成的测试。你能通过吗？你能分清每幅图缺失了什么吗？

答案：1.嘴，2.眼睛，3.鼻子，4.手，5.碗勺，6.耳朵，7.灯泡，8.寄信人地址，9.弦，10.铆钉或钉，11.扳机，12.尾巴，13.腿，14.爪子，15.球网，16.烟囱，17.手铃，18.摇单器，19.镜中的手像，20.方块。

暴风突击队的猛烈冲锋

1914年，世界面对一场新的战争。德国率先做出反应，建立了一个新的兵种。

1918年元旦，具有重大指导意义的《阵地攻坚手册》问世。该手册是西线战场3年多激烈战斗经验与教训的总结，其中详细介绍了一种新的作战方法，这种战法是对防御型堑壕战的自然反应。

该战法勾勒出这样一种战争模式，即强调各种武器的协调配合，强调参战个体的主观能动性，作战思想贯穿到基层的普通士兵。众星捧月、唯指挥官马首是瞻的传统作战观念已一去不复返。新的理念是，一名军人要依靠自己的内在决心完成任务，因时而动，随机应变，不屈不挠，一往无前。

《阵地攻坚手册》的目的很明确，就是突破敌人的防线。目的虽简洁明了，要实现显然难上加难，交战双方被迫考虑采取新的作战方略。协约国联军的回应是，组建坦克编队向前突进。

▼ 堑壕战使传统的正面攻击损失惨重，举步维艰，迫使交战双方——联军和德军考虑采取新的作战方式

德军则反其道而行之，开发新的步兵战术，组建新兵种，该兵种在战争末期可谓异军突起。

武装到牙齿

暴风突击队是一支特种部队，其武器装备自然与普通德军步兵大为不同

格韦尔98型栓式步枪是德军步兵的标准配备，虽然性能优良，但无法满足暴风突击队的作战要求。卡宾98a型步枪缩短了枪管长度，不但更适合堑壕战，而且其独特的枪栓设计不易挂到制服或其他装备，更易于操控。

即便如此，暴风突击队员也只把这种卡宾枪背在背后，用作备用武器，他们首选的武器是手榴弹。战争初期，因手榴弹供应不足，产生了很大问题，而临时采用的其他爆破武器效果也不甚理想。直到1916年，高质量的手榴弹实现了充足供应，这一问题才得以解决。

几种手榴弹中，柄式手榴弹辨识度最高，中空的手柄延长了引线的长度，直到第二次世界大战一直是德军的标志性武器。

柄式手榴弹的炸药装填在一个薄壁金属容器中，爆炸产生的碎片很少，主要依靠冲击波造成杀伤。更小巧的"卵形手榴弹"使用频率仅次于柄式手榴弹，是防御型的碎片式手榴弹。

士兵攻击特别棘手的目标时，可以将几枚柄式手榴弹捆成一束，投向敌军。投掷手榴弹往往是长距离攻击的惯用作战手段。

随着战术的逐步完善，人们发现不同武器配合才能达到最佳效果。所有军人（也包括指挥官）都在肩头斜跨的袋子里装上手榴弹，也有些人将手枪（通常是配有32发弹鼓的鲁格P08型手枪）而非卡宾枪作为备用武器。不过，9毫米武器的威力与射程不足，一旦攻进敌方战壕，便无法发挥作用。

专业的做法是为常规武器配备补充性武器。火焰喷射器分队是每个突击营的重要组成部分，突袭时两人一组，彼此呼应。重型机枪在突击前实施火力压制，而轻型机枪可在突击队员接近目标时提供近距离火力压制。

各兵团的炮兵连队随时提供火力支持，改良型俄制野战炮可以掩护突击队直接冲击敌方据点。

每个突击营还设有迫击炮连队，该连队配备的武器轻型、重型相结合，1915年开始增加化学毒气。除了佩戴新型头盔，突击队员还尝试穿着铠甲执行任务，但考虑到便捷、快速的作战需求，铠甲不会成为常用装备。钢铁铠甲太过沉重，无法用于冲锋陷阵，但有时可用来保护哨兵。

突击队使用的是升级版背包。标准步兵的背包装满了备用制服和口粮，相当笨重，取而代之的是简易的"突击背包"。打开这种背包，从外向内依次是M1892帐篷、大衣和行军壶，一层包裹着一层。

修筑战壕的工具和尖铁铲可以对折兼作手持武器，而防毒面具必不可少，可以防备敌军的袭击。施放毒气可用于自我保护。

◀ 两人组火焰喷射兵可用于清除敌方据点

火焰喷射器
将火龙喷入敌方阵地的恐怖武器

1915年年初，这种恐怖的火攻武器第一次在战场上亮相，给对手造成了极大的心理冲击，使用该武器的部队因此得名 Stosstruppen（威慑突击队）。火焰喷射兵两人一组，一名士兵负载燃料瓶（燃料由压缩氮气推进），另一名士兵控制喷嘴，向目标喷射。

防毒面具

联军自然也会效仿德军使用"高杀伤性武器",士兵没有防毒面具则有去无回。防毒面具除了具有防毒功能,也是一种心理威慑装备,可以使暴风突击队员看起来阴森可怖。

MP18 冲锋枪

这种轻型机枪体现了突击战术的主要特征,但因为在战争后期才投入战场,并未发挥重要作用。

鲁格 P08 型手枪

千钧一发之际,快速反应才是王道。相比全尺寸的常规步枪,暴风突击队携带的卡宾枪更适合在堑壕内作战,但半自动的鲁格手枪效果更佳。鲁格手枪中的8发子弹在5秒钟内便可全部射出,近身距离作战时更为高效,若配备大容量鼓式弹夹,攻击效率将进一步提升。

▶ 为增强堑壕内作战的火力,每一队暴风突击队员均按一定比例装备鲁格手枪

柄式手榴弹

第一次世界大战和第二次世界大战的代表性武器

尽管各国尝试设计不同类型的手榴弹(较小的"卵形手榴弹"使用频率较高),但明显刻有德军烙印的柄式手榴弹更流行。该手榴弹配有引爆时间为5.5秒的标准引线,虽然是常规步兵的辅助武器,但对暴风突击队员来说,则是最主要的攻击武器。

▶ 柄式手榴弹选用长度不同的引线,引爆时间也不同,大约在3秒至7秒之间

德式钢盔

形状独特的德式钢盔(被英军戏称为"煤斗")与传统的钉式头盔相比,具有更好的防护作用。该头盔的两侧下部延长外凸,可以更好地保护头颈部,前面额外增加一块装甲,但似乎用处不大。

手榴弹

暴风突击队员携带大量手榴弹投入战斗,手榴弹主要放置在挎包或背包中。一些队员负责投掷,另一些队员负责供应手榴弹,并提供火力掩护。突击队指挥官自己也要携带相应数量的手榴弹。

皮革补丁

为了适应作战环境和战斗的特殊要求,无论突击队员是否愿意,都得穿上这种类似手工制作的军服。他们通常会在制服的肘部和膝部缝上皮革补丁,以免在爬往敌方阵地时磨伤。

护踝军靴/绑腿

暴风突击队与众不同的装束还包括绑腿和系带护踝军靴,而非标准的长筒靴。相较行动受限的长靴,这样的组合更轻便、更舒适,发出的声音更小,更适合在无人区的泥土中匍匐前进。

▲ 保罗·冯·兴登堡将军、德皇威廉二世和埃里希·鲁登道夫将军为确保德军的胜利制定了多项战略

先锋部队最初倡导发挥手榴弹的作用，实施分散的小组作战，甚至单兵作战。

德军则反其道而行之，开发新的步兵战术，组建新兵种，该兵种在战争末期可谓异军突起，逐步形成了独具特色的作战策略。如今，经过艰苦作战积累的经验教训浓缩在这样一本小册子里。毋庸置疑，人们已将《阵地攻坚手册》视作"暴风突击队的《圣经》"。

德皇的进攻思想

随着第一次世界大战走向高潮，德军绝望地发现自己在与时间赛跑。美国参战使德军的施展空间进一步缩小，他们急需在美军发挥优势之前赢得一场胜利，或许可以迫使联军妥协，实现停战和解。

德皇会战（也称春季攻势）是德军1918年3月至7月连续发起的4场战役。发动攻击的先锋是暴风突击队，该部队在总结近几年作战经验的基础上进一步增强了。

可惜，德国最终失败。暴风突击队虽然取得了令人瞩目的局部胜利，但是继续向敌方阵地突进时伤亡惨重。面对联军的反攻，德军无法继续保持进攻势头，必然会被动挨打。美军参战后，联军实力增强，发动了"百日攻势"，最终将德国人赶回德国，收复了所有的被占领土。

如今，德国人不得不缴械投降，但是暴风突击队有充分理由拒绝承认败局。

暴风突击队虽然取得了令人瞩目的局部胜利，但是继续向敌方阵地突进时伤亡惨重。

新战场

作战方式经历19世纪的发展，进入20世纪已经发生了翻天覆地的变化。为了适应严峻恶劣的全新作战环境，作战思想也相应产生了巨大变化。传统的人海战术在现代战场无法奏效，密集的阵形极易成为炮火轰击和步枪精准射击的活靶子，近期广泛使用的机枪更会造成大面积杀伤，这一点逐渐成为各方共识。

第一次世界大战爆发后，标准的攻击模式已转变为分散的突击阵形，以缩小己方目标，降低被防御一方大规模杀伤的概率。但攻击目的没有改变，即靠近敌方战线，实施惊心动魄的刺刀拼杀。但是，堑壕战的残酷现实使人们很快意识到这种战法代价太高。

早在1915年3月，德军便推出了一支实验性的新部队——暴风突击队，以测试新武器与新战术。在一种可在战场上自由拖动的新型陆战武器——自行火炮的火力支持下，先锋营军官卡尔索少校率领突击队发动了第一次突击（也称暴风突袭），但收效甚微。在突击行动中，卡尔索的暴风突击队拆分成多个小队，分散到各兵团的前哨，但自行火炮毫无威胁，部队伤亡惨重。无论如何，实验迈出了第一步。后来，威利·恩斯特·罗尔上尉接任指挥官，暴风突击队逐渐脱颖而出。

德军在缴获的俄军火炮的基础上改造出一种新式火炮，在凡尔登战役中表现抢眼，突击队使用后攻击效率大大提升，但最终仍再遭惨重伤亡。

▲ 德军堑壕突击队员正在攻击敌方阵地

第一场闪电战？

第一次世界大战中各支暴风突击队开发了很多新战术，为未来战争创建了模板

暴风突击队的主要攻击策略是穿透敌军战壕的薄弱环节，尽可能沿某一方向全歼战壕内的敌人。实现这一目的的作战方法可以随机应变。首先，可用密集的掩护炮火封锁目标区域，为此，炮兵部队应从后方向目标区域两侧发动炮击。此外，毒气也可用于封锁目标区域，或者利用重机枪对攻击方向实施火力压制。

完成第一波攻击后，暴风突击队出动。他们先用火焰喷射器清除机枪位，然后到达敌方战壕，再将手榴弹投入战壕，最后冲进战壕消灭剩余的守军。正如1916年德国军队《突袭战术手册》所强调的那样，快速行动、猛烈进攻是突击的要诀。该手册指出："如果突击队员在突袭过程中遭遇敌方火力反制，而且尚未进入手榴弹攻击范围，必须全速前进靠近战壕，扔出手榴弹。手榴弹爆炸时要卧倒，然后毫不犹豫地起身冲进战壕沟。"

突击队一旦控制了某一区域，便要沿着战壕冲锋。两名配备手枪的先锋在前，指挥官在后，接着是配备手榴弹、手枪或卡宾枪的其他突击队员。冲锋中可以向前方投掷手榴弹削弱敌方对抗，最后再由突击队员歼灭敌人。

如果目标区域很难突破，要迅速用随身携带的沙袋或手头的其他材料建起路障。已控制区域要用白旗标识，以免遭后续突击队的攻击。

发起攻击前，往往使用大型火焰喷射器向预定目标进行持续一分钟的喷射，而非使用两人配合的小型火焰喷射器。突击队员要利用火焰喷射器造成的混乱和恐慌，在一分钟内向目标发起冲锋。

1918年，《阵地攻坚手册》出版，暴风突击队的战术得以明确，但德军在当年的大举进攻中又对战术做了改进。之前暴风突击队主要攻击特定目标，如今要求压制敌军后方，防备敌方的小规模滋扰。

"渗透策略"是暴风突击战术的经典案例，尽管当时未使用"渗透"这一术语。该策略要求突击队保持快速的行动节奏，在敌方整个阵地制造混乱和恐慌，但由于突击队已经超出己方的掩护范围，不可避免地会造成很大的人员伤亡。

"闪电战"是第二次世界大战期间德军使用的战术，主要依靠快速行动的部队穿透敌军防线，压制敌军后方。第二次世界大战重要人物德国陆军元帅埃尔温·隆美尔曾担任暴风突击部队指挥官，积累了大量作战经验。

▲ 1939年，德军入侵波兰，当时遵循的原则主要来自第一次世界大战总结的暴风突击战术

自1916年5月起,大量德军现役军官和士官受命前来学习新战术,然后再回到所在部队将新战术传达下去。新暴风突击队因高级军官的进驻扩充为营级建制,指挥官罗尔负责战术指导。这加重了人们对暴风突击队的一种普遍误解,以为他们并非一支精锐部队,只是负责在全军宣传推广新战术。

独立发展

德军对自主创新一直持开放包容的态度,所有前线作战部队都开始自发采取暴风突击队的作战模式。这些部队也有了相应的新名称,如"追击特遣队""突袭部队"等,而"突击队"的威名也是从这一时期开始流行的。他们实验新武器、新战术,尤其擅长使用手榴弹和火焰喷射器。

战火燃遍世界

先锋部队最初倡导发挥手榴弹的作用,实施分散的小组作战,甚至单兵作战。随着手榴弹使用频率明显增加,投弹训练日益普及。训练中为避免手握小型炸弹必然造成的紧张,受训者首先使用哑弹,后来使用装有引线但没有装填炸药的手榴弹。

专门修建的训练场将涵盖士兵在真实战场上可能遇到的所有设施:铁丝网、堑壕和军事据点,甚至还有一些民用建筑。手榴弹将成为突击队员的主要武器(尽管火焰喷射器、轻机枪和迫击炮也将发挥各自的作用),突击队员实际上也被称为投弹兵。

据传,正是因为突击队员使用火焰喷射器,才得名"威慑突击队"。显然,突如其来的液体烈火在敌军中引发的恐怖立竿见影,火焰喷射兵

▼ 索姆河战役期间,德军携带刘易斯机枪,展开军事行动

▲ 暴风突击队员在比利时的战壕里列队戒备

堑壕战中，MP18冲锋枪每分钟可发射400—500发子弹，作战效果极佳，但在战争后期才投入战场，并未发挥重要作用。

在突击队中迅速找准了定位。

　　火焰喷射器有两种主要类型：一种是大型火焰喷射器，一般是不方便移动的；另一种是由两人配合操控的可移动小型火焰喷射器。两种火焰喷射器都能迅速造成大面积杀伤。

营级建制

　　到了1916年年底，德军共有16个突击营，主要由志愿者组成。德国军中之前兴起的诸多特遣小队形成了这些新型正式部队的基础。

　　一个突击营最多由1400名士兵组成，通常分为5个连队。一到两个连队配备6挺（后来是12挺）重型机枪。每个连队也配备迫击炮（通常是8门）以及6个双人操控的火焰喷射器。该营还装备了提供直接支持的步兵火炮（4门经改良的俄制野战炮）。

　　这种武器配备的目的是利用每一种武器的优点，彼此配合使用，从而形成一支能够承担任何作战任务的部队。另有一种武器（轻机枪）不像以前使用得那么普遍。

　　重机枪能将火力覆盖范围达到极限，是交战双方均使用的杀伤性武器，不过该武器无论如何都无法移动作战。突击队穿越无人区时往往使用轻机枪，但德国在这种武器的研发上严重滞后。

　　这种轻机枪可以为冲锋的队友提供火力压制，

▲ 德军暴风突击队员快速穿越香槟地区

也可以阻遏敌军的反击。虽然德国在MG08重机枪的基础上推出了MG08/15轻机枪,但该型轻机枪仍很笨重,暴风突击队员多选用麦德森轻机枪(丹麦制造,从俄军缴获)或者性能更优的刘易斯轻机枪(美国首创,自英军缴获)。

暴风突击队员发起冲锋时要携带多种装备,如铁铲、镐、剪线钳、短柄斧、固定工具和水瓶。进入敌方战壕时,有时会爆发残酷的近身作战,很多装备可临时用作武器。因此,暴风突击队员也会携带战壕刀和卡宾枪,即98a型卡宾枪,这种枪比步兵常规使用的步枪短16厘米,在战壕中更易于操控。

还有一种武器暴风突击队员直到战争末期才开始使用,但装备的数量很少,即冲锋枪。MP18冲锋枪每分钟可以发射400—500发子弹,在堑壕战中攻击效果极佳,但投入时间太晚,并未发挥重要作用。

堑壕战的佼佼者

新型暴风突击营的作战方式与缩在战壕里的常规步兵截然不同,对突击队员的要求也很高,他们必须有智慧、耐力、适应力和随机应变的能

▶ 手持伯格曼MP18冲锋枪的突击队员

力。因此，大部分突击队员必然是年轻人，但年长者也有一席之地。记录显示，突击营中30岁以上的队员占15%。训练艰苦而严苛，偶尔也有生命危险，因为训练常常采用实弹。

暴风突击战术贵在行动快速、攻击迅猛，突击队员不仅作战方式独特，衣着装束也与众不同。他们很快抛弃了传统的长筒靴，改穿护踝战靴，打绑腿，还在制服的肘部和膝部缝上皮革补丁，以便在战壕里或战场上匍匐前进时为身体提供防护，避免擦伤。

值得一提的是，他们是第一批佩戴新式钢盔的部队，这种钢盔在推广之初确实标新立异，后来则成为德军的常规装备。

暴风突击队必然会被视作一支特种部队，各方面自然享受优待。他们不仅有额外口粮配给（考虑到战斗任务的艰巨，这很有必要），而且在完成前线突破任务后，可以返回后方基地休整。毋庸置疑，他们执行的任务艰巨而棘手，通常也很残酷，但是他们经历考验的过程较为短暂，而困在战壕里的战友却不得不忍受长时间的煎熬。

因此，暴风突击队也在其他战友中引发了一些复杂的情绪。不可否认，其中包含一种英雄情结。突击队员的自信、勇敢和其他特质令战友们心生敬畏，但他们的作战方式往往会打破堑壕战的微妙平衡。一支突击队的突袭可以俘虏敌军、制造伤亡，但敌方自然也会做出回应，那时突击队员已置身事外，一切后果将由常规部队承担。

德军医务官斯蒂凡·韦斯特曼写道："暴风突击队员就像足球明星一样，令人尊敬。他们住的是舒适的营房，乘坐公车去'运动场'；他们执行完任务就溜之大吉，可怜的底层步兵却在承受敌军反击的炮火，苦苦挣扎。"

但是，暴风突击队员展现出的职业精神还是令人钦佩的，正如韦斯特曼所说：他们"身着迷彩制服，像蛇一样在阵地上前进，竭尽所能利用一切掩护，没有给敌方的炮火留下任何可供打击的目标"。

"闪电战"的诞生

将新型暴风突击战术推广到全军的计划显然无法实现。为筹备1918年春季攻势，埃里希·鲁登道夫将军被迫将士兵加以区分。最健壮的士兵被指派执行"进攻"任务，老弱士兵（也包括来不及训练的新兵）被分配到堑壕据点执行防御任务。

执行进攻任务的大部分士兵均接受了一些新战术培训，但在攻击部队中担任先锋的是暴风突击队。他们执行命令，绕开无法迅速突破的敌方据点，插向敌军的后方，但遭遇反击时必然会失去掩护，孤立无援。

事实证明，突击队人数过少，无法彻底改变战争进程。尽管实践证明他们的战术灵活高效，但他们无法改变战略格局。后来人们总结战争的经验和教训，开始为下一场战争制订计划。小股部队的突击战术成为世界各国军队的常规战术，该战术在第二次世界大战突出步兵作用的德国闪电战中得到集中体现。

那时，暴风突击队已经成为传奇，其威名令敌军闻风丧胆，不寒而栗。

暴风突击队必然会被视作一支特种部队，各方面自然享受优待。

后方阵营的背叛

很多德国士兵不愿接受战争结束的事实,但很快找到了发泄怒火的出口

大量德国士兵逐渐认为,德国的投降主要源于本国民众的背叛。千百年来,军人普遍感到被孤立、被疏离,他们感觉自己在平民世界中不再占有一席之地,期待一有机会便再次加入独立的准军事部队。"自由军团"(Freikorps)充满传奇色彩,其历史可追溯至18世纪。

一些"自由军团"有意识地效仿暴风突击营,例如1918年12月成立的乔治·冯·梅尔克将军的"自由军团"就包括机枪班和火焰喷射队,还装备了迫击炮、轻型火炮和装甲车。参与者的动机包括维持生计的需要和在德国战后的混沌中对社会稳定的期待,往往还渴望再次参战。某些"自由军团"实际上就是暴风突击营的残部,只是改换了新名字而已。战争结束不到一年的时间里,据估计有20万到40万名士兵被招募到规模不一的"自由军团"中。"自由军团"战士F.W.海因茨令人毛骨悚然的话语反映了这一群体的普遍心理:"人们告诉我们战争已经结束,那使我们发笑。我们自己就是战争。"

▲ 一支"自由军团",不仅仅装束上像第一次世界大战时期的暴风突击队。摄于柏林

▼ 虽然德军试图将暴风突击战术推广至全军，但事实上能加入这支特种部队的德军士兵少之又少

印军时间轴

第一次世界大战期间，来自南亚次大陆的印度士兵在全球各大战场发挥作用。

战斗在西线战场

1914年9月，印度军团与印度骑兵军团参战。他们先后参与了西线战场的拉巴塞战役（1914年10月）和诺维沙佩勒战役（1915年3月）。后来印军的两支步兵师与两支骑兵师被调往埃及战场。

1914年9月—1918年3月

1914年11月

围攻中国青岛

印度第36锡克人团隶属英军驻天津部队，参与了对德国控制的中国港口青岛的围攻。他们与规模更大的日军联合作战，最终攻占青岛。

1914年10月—11月

东非战场

英国雄心勃勃，派出印军的两个旅，企图占领德国的东非殖民地。1914年11月，印军部队在坦噶战役和乞力马扎罗战役中被德军击败。

▲ 马丁·弗卢斯特的画作描绘的是1914年11月3日—5日的坦噶战役（左边是德军，右边是英军与印军）

1914年10月—1918年10月

美索不达米亚战争

印军的大部分海外兵力分布在美索不达米亚，这里也成了印军的主要战场。1914年11月，印军进驻，以保卫巴士拉附近的石油设施。1916年4月，库特伊马拉城印军遭奥斯曼帝国多日围困后投降。1917年3月，印军攻占巴格达，挽回败局。1918年10月，印军在舍尔加特战役中获胜，加速了奥斯曼帝国的解体。

▼ 1915年8月2日，印军长矛轻骑兵穿过法国乡村

▲ 受伤的印军军官展示在诺维沙佩勒战役中缴获的德军头盔

纵横埃及与巴勒斯坦

1914年10月，印军被派往埃及保卫苏伊士运河，1915年至1916年，在西奈半岛阻挡奥斯曼帝国的入侵。1917年至1918年，他们参与了重新夺回西奈半岛的战役，并入侵巴勒斯坦地区。英军撤往西线战场前，印军真正发挥了自己的作用，1918年9月在米吉多战役中取得大胜，导致奥斯曼帝国解体。1918年10月，《穆兹罗斯停战协定》签署，战役结束。

1914年10月—1918年10月

1915年4月—8月

1914年—1919年

加里波利战役

1915年4月，印军第29旅从埃及开赴加里波利；6月，他们参与了第三次克里西亚战役和加利拉温战役；9月，参与了萨里拜尔战役，之后撤回埃及。

▼ 1915年8月，英军参谋在第三次克里西亚战役中审讯奥斯曼俘房

印度战线

印军维护了国内安全，保卫印度免受入侵。1914年至1915年，印军在西北边境对阵多吉尔；1915年，围剿莫赫曼德人、布内瓦尔人及斯瓦蒂斯人；1915年至1916年，围剿卡拉特人；1916年至1917年，封锁莫赫曼德；1917年，围剿马哈苏德人；1918年，对战马里人与赫特兰人；1919年，参与第三次阿富汗战争。1914年至1915年，在东北边境，印军在缅甸发动对克钦人的战争；1917年至1919年，发动对库基人的讨伐。

◀ 1908年莫赫曼德远征，照片显示印度西北边境地形险峻崎岖

▼ 位于伦敦中心的皇家证券交易所

战时社会：
1915年的伦敦

战争暴风雨中的城市状态如何？
揭秘前所未见的世界。

财政

1915年，英国国内生产总值保持稳定增长，预计从战争开始到战争结束经济总量将增长约14%。尽管造船与弹药生产等行业的兴起对英国财政有所帮助，食品配给也有所节余，但仍无法满足战争的需要，英国被迫向美国大量借款。

▲ 激励妇女为战争做贡献的爱国宣传口号

艺术

这一时期的艺术创作深受战争的影响，出现了很多宣传性的艺术作品。比如，1916年的电影《索姆河战役》大受欢迎，H.G.威尔斯、鲁德亚德·吉卜林等作家应政府的要求创作了一些文学作品。

1915年的英国与当今的代议制民主国家相去甚远，女性没有获得与男性平等的投票权，社会阶级分化严重。第一次工业化战争爆发，数百万英国士兵奔赴国外战场。德国齐柏林飞艇突袭伦敦，使英国本土在现代史上第一次陷于战争之中。没有人能置身事外，没有人能高枕无忧。因此，英国政府使出浑身解数，几乎动员了所有人口和资源，整个国家都在为战争而努力。

这种总体战的状态不像第二次世界大战时那样显著，因为齐柏林飞艇对伦敦造成的破坏以及德国海军对沿海城镇的袭击并没有形成闪电战那样的波及范围与破坏力。然而，对英国来说，一切仍充满了未知和恐惧。伦敦本身便是战争调度中心，1915年签署的《伦敦条约》（意大利加入协约国组织）表明了伦敦对英国、对整个欧洲的重要性。

🏭 工业

政府以举国之力专注战争，大量资本转向军事工业，开办了很多军火工厂。很多女性接替了男性的工作岗位，女性工人总数达21.2万人。

▲ 报纸销售员在宣传自己的报纸

▲ 女性受聘到弹药工厂工作

技术

随着国家将大量资源投向战争，在此期间武器制造技术自然得到较大发展。其中一项重大突破是第一辆坦克的面世，即"小威利"号，总重量16.5吨，乘坐6名机组人员。

▲ 第一批坦克与现代坦克仅在外形上相似

媒体

战争期间，政府与报纸和杂志合作，利用新闻审查制度和政治宣传提振国民精神，抵消德国的恶意攻击。《帝国国防法》限制了报纸刊载的内容，此时最受欢迎的报纸有《泰晤士报》《每日电讯报》和《晨报》。

政府

1908年，赫伯特·亨利·阿斯奎斯首相上台。1915年，他的执政压力陡增，很多人认为他不适合担任战时领袖。1916年，他的自由党同僚大卫·劳合·乔治接任首相。

军队

第一次世界大战期间，大约有600万名英国士兵在海外作战，英国海军仍在实力上压制德国对手。民众积极参军，直到1916年征兵年龄范围才进一步放宽，即18岁至41岁。

▲ 男性在参军前必须通过体格检查

图说历史

1917年
彩票与战争

1917年7月21日，美国战争部长牛顿·D. 贝克蒙上眼睛，从一个玻璃碗中抽出彩票，凭借该彩票上标注的生日确定应征者。参战的美军将与英、法、俄等盟友并肩战斗。伍德罗·威尔逊总统有权根据《义务征兵法案》招募士兵。

齐柏林飞艇战

不列颠第一次遭空袭

嗜血的德国飞艇编队实施史上第一次空中轰炸行动，
创造了一种新的作战方式。

▲ 除了沿海城镇，齐柏林飞艇编队还定期袭击伦敦、利物浦等英国主要城市

1915年1月19日，天色灰暗，英国诺福克郡的大雅茅斯镇53岁的鞋匠萨穆埃尔·史密斯仍在劳作。他需要赚钱赡养年迈的母亲，而且母亲最近还收留了两名孤儿，他必须再加把力。大约20点30分，他正要结束工作，忽然听到远处有震动的轰鸣，声音越来越近，他的小作坊剧烈抖动，窗格子里的玻璃也啪啪作响。

史密斯非常诧异，赶紧放下锤子，开门查看。外面星空朗朗，寒气袭人，他站在院子里抬头望向天空，一个如同H.G.威尔斯或者儒勒·凡尔纳的科幻小说中描述过的那种怪东西正在掠过屋顶。那是一架巨大的银色飞艇，长155米，飞艇上方映着皎洁的月光，在夜色中隐约可见。飞艇比史密斯驻足的街道还长，他看得入了神，这时飞艇在他头顶隆隆作响，一枚50千克的炸弹旋转着落向他站立的地方。他立即命丧黄泉，同时遇难的还有72岁的邻居玛莎·泰勒，他们成为不列颠空袭的最早受害者。

再说德国。飞艇师是德国海军新近成立的部队，司令彼得·斯特拉瑟对空袭兴奋不已。他计划通过轰炸英国的平民来打破西线战场的僵局，这项计划已成功开启。历史风起云涌，未来战争将面目全非。

战争中的齐柏林飞艇

空中飘荡的杀戮平台，令人胆寒的世界；数千米高空，谁主沉浮？

战争期间，德国陆军和海军共同管理齐柏林飞艇机组人员。但是，彼得·斯特拉瑟不懈努力，海军率先启动了对英国平民的轰炸。

负责操控齐柏林飞艇的士兵来自不同的部门，本质上属于特种部队。所有人员都是经过严格训练的志愿者，他们使用最顶尖的技术深入敌军后方进行高风险作业。最初他们占据了科技的制高点，从1915年至1916年，他们操控的庞然大物肆意轰炸，统治了天空，被称作"齐柏林之鞭"。齐柏林飞艇是天上的巨人，简直无可匹

> 负责操控齐柏林飞艇的士兵来自不同的部门，本质上属于特种部队。

气囊

齐柏林飞艇与仅仅需要加压的普通气球不同，它依靠数千个充满氢气的气囊保持悬停状态。这些气囊的外表类似金箔，实际上是牛肠外膜。牛肠外膜最初用作香肠的包衣，因为齐柏林飞艇工厂的需求量巨大，战争期间德国部分地区暂停了香肠的生产。

前进控制舱

飞艇指挥员、领航员、舵手、升降员和无线电联络员在这一区域工作。大多数工程师驻扎在前进控制舱后的吊舱中，在嘈杂而危险的环境中保障发动机的运转。

发动机

发动机安装在吊舱中。飞艇发动机的尺寸、重量不一，后来的R级飞艇常用的是迈巴赫6缸HSLu型发动机。该发动机的动力输出为240马力，一般飞艇装备6台这样的发动机（前舱1台、侧面2台、后部3台）。这些发动机一起运转，使齐柏林飞艇可升至4000米的高空，最高飞行时速达每小时100千米。

云车

云车看起来像一个刺激的飞行游乐设施，但实际上是一个观察平台。如果齐柏林飞艇暂时不能确定所在的位置，观察者可乘坐云车从飞艇内部向下悬吊800米，以确定地标，然后通过电话与上方的投弹手联系，投弹手负责将其拉回飞艇。为了确保安全，悬吊缆绳内置了避雷针。

敌。但是，随着时间的流逝，技术的天平逐渐倾斜，他们的任务变得越来越危险。

即使可以将他们击落的危险武器尚未出现，齐柏林机组人员的生存危机仍随时显现。飞艇大小如普通战舰，航空兵的工作区密布齿轮和杠杆，飞艇内部充满高度易燃的氢气，悬浮于距地面3000米的上空。

随着战争的推进，这些杀戮怪物的体形也越来越大，但操控人员的数量仍与以往大致相同，因为设计者同时要解决载重量与升空高度的平衡问题。一般来说，需要20人来操控飞艇飞越英吉利海峡，他们承担的职责各有不同，其中包括指挥员、无线电联络员、领航员，还有负责控制方向与高度的舵手和升降员，以及负责修补舱体裂隙和弹孔的维修员，剩下的则肩负技师与投弹员双重身份。

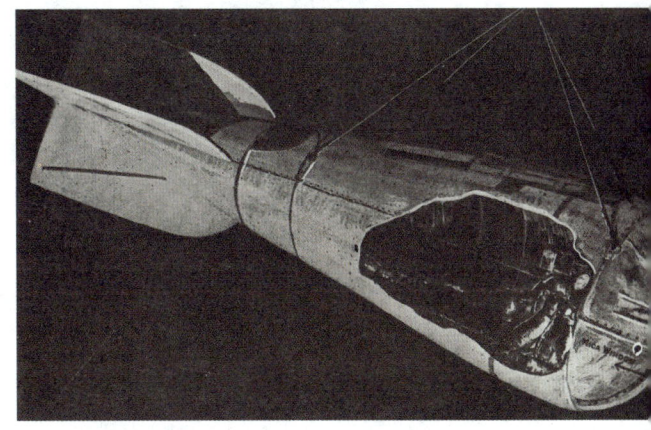

▲ 云车通常搭载一名观察员，负责传递飞行指令

所有机组人员都要受训学会使用机载防御机枪，但这些机枪往往被丢在一边，甚至在一次飞行中连同降落伞一起被抛了下去。机组人员认为上述两种装备无端增加了飞艇的重量，不利于快速爬升，而在实战中快速爬升才有生还的希望。

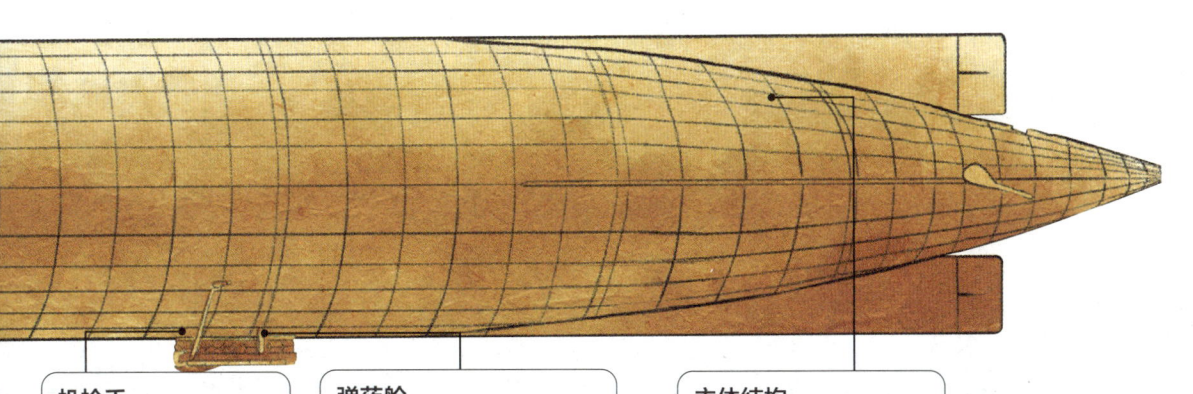

机枪手
飞艇上部和下部通常设有固定的机枪手，他们在 -30℃ 的低温中保卫飞艇免遭战斗机的攻击。飞行中，机枪手戴着头盔、手套，穿着御寒的棉衣，往往不配备降落伞。

弹药舱
弹药舱位于飞艇底部，有效荷载达 1.8 吨。飞艇携带的炸弹通常是用于炸毁屋顶的大型高强度炸弹与用于焚烧的小型燃烧弹，1915 年 9 月 8 日对伦敦的突袭就是这两种炸弹配合实施的。

主体结构
齐柏林飞艇通常围绕坚固而轻巧的铝制大梁建造，表层覆盖经过化学处理、充分拉伸的巨大棉制薄膜。主缆绳穿过整个舱体，连接到框架的各个点位，以保证飞艇的纵向强度。

齐柏林轰炸

英国首都伦敦遭遇飞艇袭击，25年后，纳粹轰炸机又将这里变成了一片火海

1915年9月8日夜，LZ13号齐柏林飞艇潜入诺福克海岸上空。飞艇沿着河流南下，指挥官海因里希·马蒂看到伦敦的万家灯火在地平线上闪烁，他离预定攻击目标越来越近。

此次并非齐柏林飞艇第一次轰炸伦敦，他们已经轰炸了3次。第一次是1915年5月，第三次就在前一晚，累计造成35名平民遇难、121人受伤。不过，这些轰炸主要集中在伦敦塔以东的郊区。德皇威廉二世对于他的空中嗜血骑士应该轰炸哪些地区十分谨慎，伦敦城中毕竟还有他的亲戚——英王乔治五世是他的直系表亲，而伦敦塔是王室资产的东界。然而，今晚则大为不同，马蒂将带着皇帝的"祝福"点燃市中心，伦敦将经历第一次真正的空袭。

大约22点40分，马蒂从2600米高空投下了第一枚炸弹，轰炸尤斯顿火车站。刹那间，伦敦城探照灯通明，密集的防空炮火射向飞艇，马蒂指挥飞艇继续向南飞行，紧接着轰炸了布卢姆斯伯里与霍尔本。飞艇下方的城市火光熊熊，街道上充斥着伤者与死者。飞艇经过圣保罗教堂北侧时，马蒂向纺织厂区施放了数枚燃烧弹，然后转向利物浦大街火车站。在该火车站上方投下的炸弹制造了最严重的杀伤，一枚炸弹便杀死了一辆公共汽车上的9个人。

LZ13号飞艇钻入云层，穿越英吉利海峡返航，其身后大英帝国的心脏已燃起大火，55枚燃烧弹将伦敦市区变成一片火海。马蒂的飞艇还施放了15枚高强度炸弹，其中一枚重达300千克，是历次轰炸中最大的一枚。这次夜袭给伦敦造成的损失价值相当于现在的2300万英镑（约等于人民币2亿元），还有87人受伤，22人丧命。

事实证明，伦敦的防空系统形同虚设。军方只有6架飞机升空拦截齐柏林飞艇，但无一成功；用于保卫首都的26门防空火炮绵软无力，无法击中飞艇。一些防空火力曾很接近飞艇，但马蒂将飞艇提升到3500米，轻松远离遭受攻击的范围，继续实施轰炸。

这种20世纪初的新型作战方式令人心惊胆寒。作家D.H.劳伦斯亲历了这场空袭，他在给朋友的信中写道："我们看见齐柏林飞艇高高地在我们头顶上飞行，在云中闪着魅影……炮弹落到地上爆炸燃烧，熊熊火光映红了飞艇的外壳。宇宙的秩序似乎已经消逝，新秩序愕然降临。那一晚，月亮不再是天空的女王，齐柏林飞艇霸占了苍穹。"

▲ 1915年9月8日夜，齐柏林飞艇发动轰炸，造成巨大破坏，那是25年后纳粹空袭的预演

▲ 空袭后，英国的德国裔公民成为暴民的攻击目标。图为一伙暴民在东伦敦地区冲击德国裔公民的住所和店铺

英国的总体战

德国企图通过攻击后方来瓦解英军的意志、赢得战争的胜利，怎料，齐柏林空袭事与愿违

英国民众对齐柏林空袭的反应出乎彼得·斯特拉瑟的意料，不但没有摧垮英军的意志，反而萌发了一种新的"空袭精神"。1915年5月，伦敦第一次遭到轰炸，一些儿童遇难。第二天的头条新闻惊悚恐怖，控诉德国是"残害婴儿的杀手"。一时间骚乱四起，德国人的店铺遭到袭击，数千名旅居英国的德国人遭到拘禁。

1915年9月，伦敦市中心遭到更为严重的轰炸，民众的怒火转向英国政府，指责政府没有为伦敦市民提供足够的保护。几百年来，皇家海军一直保障着国家安全，但谁会料到这次威胁来自空中？现在亟须深刻反思。

当时，英国并没有独立的空军力量，皇家飞行大队与皇家海军飞行队的飞行员被召回保卫后方。截至战争末期，英国皇家空军已经成立，防空网络也已经完备，这些防空设施在22年后的不列颠之战中拯救英国于危难之际。

齐柏林攻击手海因里希·马蒂

他在战场上最危险的区域出没,是德国最大胆的战士

海因里希·马蒂是最英勇无畏的齐柏林攻击手,在德国和英国家喻户晓。他在蓝天树起威名,但他曾是一名职业水手。他在船上迅速发迹,二十出头便开始独立指挥舰船。

1913年,他在德国海军学院受训时,碰巧见到冯·齐柏林伯爵设计的比空气还轻的新飞艇,深深为之着迷。他的举动引起了海军飞艇师司令彼得·斯特拉瑟的注意。1915年1月,马蒂第一次参与齐柏林飞艇对英国的空袭。

随后两年间,马蒂共参与14次空袭,累计投出38吨炸弹,远远超过任何一位飞艇指挥官。其中最臭名昭著的袭击是1915年9月8日对伦敦的轰炸,这是整个空袭战期间破坏力最大的一次,造成的经济损失比齐柏林飞艇对英国城镇造成的总损失的六分之一还多。

马蒂冷静果敢,似乎势不可当,他知道他在进行生死攸关的对决。英国最终成功击落一艘齐柏林飞艇,马蒂听说这一消息后写道:"我们有一天也会被击落,这只是时间问题。如果有人说他没有被飞艇熊熊燃烧的惨状吓到,那他一定是在吹牛。"他的"有一天"终于到来了。1916年10月,他的飞艇在赫特福德郡上空被击落,当时他33岁。

▲ 马蒂最后一次空袭时飞艇失火,他从飞艇上跳下,坠地而亡。照片显示他的身体砸在地面上留下的恐怖景象

齐柏林飞艇的末日

强大的齐柏林飞艇一度势不可当，但对天空的统治不过是昙花一现，而齐柏林给人们造成的心理阴影则挥之不去

◀ 飞艇师司令彼得·斯特拉瑟对齐柏林空袭战役满怀期待。他曾说："如果我们所做的令敌人心惊胆寒，那么这种'心惊胆寒'就是德国人的救赎。"

1916年9月2日，马蒂空袭之夜约一年后，一艘更大的齐柏林飞艇出现在伦敦上空。这艘SL11是空袭战中最庞大的飞艇，它与其他飞艇组成16艘的飞艇编队，轰炸英格兰全境。

几分钟后，SL11飞艇被探照灯锁定，各处轰鸣的防空炮火将黑夜撕出一个个闪亮的破洞，同时，一架英军战斗机开始攻击。这架飞机由皇家飞行大队的21岁中尉利夫·罗宾逊驾驶，这是他第二次参与反击齐柏林飞艇。SL11飞艇在他上方的3650米，清晰可见，几乎一动不动，好像被探照灯的光柱罩住一般。

罗宾逊的机枪配有3个鼓式弹夹，装填了新的组合弹药（燃烧弹与爆裂弹）。他干脆利落地飞到SL11飞艇下方，向上扫射，很快将整个弹夹的子弹射进飞艇的腹部。他见毫无效果，又向飞船腹部打了一梭子。机枪咆哮着，一个弹夹又打光了，仍无效果。他决定变换一种打法。

他调整机位，发动最后的攻击。他没有再瞄准飞艇的庞大躯壳，而是集中火力攻击其后侧的某一点。就在此时，飞艇的外壳闪过一团橘红色的亮光，并很快冲出艇外，因为下方的氢气已经燃起熊熊火焰。看着这庞然大物从空中断裂、扭曲、跌落，在下方观望的伦敦人欢呼着将帽子抛向空中。

齐柏林飞艇作为战争武器的命运开始走向终结。新制造的超

▲ 这张陈年明信片展示了被利夫·罗宾逊（内嵌图）击落的SL11飞艇的残骸。这位年轻的飞行员因其壮举而被授予维多利亚十字勋章，但他未能在战争中幸免于难

级齐柏林飞艇可以爬升到更高的高度，但飞机制造技术也在飞速提升。到战争结束时，约30艘齐柏林飞艇坠毁。1918年8月5日最后一艘飞艇，即世界最大的飞艇L-70号被击落。那一晚掌舵的是齐柏林的王者彼得·斯特拉瑟，他仍固执地认为飞艇可以为德国带来胜利。在飞艇的最后一击中，斯特拉瑟与机组人员一起魂断蓝天。

斯特拉瑟发动的系列空袭战役造成557人死亡，1358人受伤，他以为通过威慑英国国民可使英国屈服的观点是错误的。但是，他勉力为之，试图向全世界宣告发动对平民的战略性空袭是合情合理的。正如他本人所言："我们攻击敌人跳动的心脏，却被污为'残害婴儿的杀手'……如今，覆巢之下安有完卵？现代战争就是全面战争。"他发出的骇人听闻的预言30年后在德累斯顿和广岛得到了明证。

堑壕战

在第一次世界大战的泥潭中举步维艰
时间：1914年—1918年　地点：法国

　　弗朗茨·斐迪南的遇刺点燃了第一次世界大战的导火索，但导致战争爆发的原因是多方面的，譬如，1894年法俄军事联盟加剧了对德国的孤立以及第二次巴尔干战争的爆发等。第一次世界大战从1914年持续到1918年，参战国分化为两大阵营：由英国、法国和美国组成的协约国与由德国、奥匈帝国和奥斯曼土耳其帝国组成的同盟国。战争初期，交战各方在堑壕战或阵地战中形成僵持，战斗旷日持久，其中的凡尔登战役便持续了10个月，导致成千上万的生命逝去，造成了物质资源的大量消耗。

炮弹的杀伤力
数百万亲历这场战争的人备受心理创伤的煎熬，其中很多人的心理问题主要是极其频繁的炮击造成的。战士们在炮火中命悬一线，随时随地都可能面临死亡。

阵线后方
重炮一般架设在距离前线约10千米的位置，随着步兵的推进相应向前移动。

进攻火力
1914年，机枪的攻击能力比较弱，但到了战争末期已经得到巨大提升。1918年，机枪每分钟可以射出1000发小口径子弹。这些武器的攻击火力足以改变战争进程。

神圣之路
这是保障法国前线供给的交通命脉，法军依靠这条路撤回伤兵，补充兵源，运送食物和战争补给，每天有3000到3500辆卡车在路上穿梭。

铁丝网
战壕依靠沿线架设的布满倒刺的铁丝网进行防御。这些铁丝网对敌方步兵的推进是巨大的挑战，很多士兵不小心被上面的倒刺挂住，极易成为对方攻击的目标。

无人区
这一术语用于指代敌对双方战线之间间隔的土地。无人区往往布满了炸弹炸出的坑坑洼洼，因此很难通行，导致交战双方停滞不前。

空中打击
战斗机频繁飞越战壕，或者用机枪向敌人开火，或者投入混战，或者执行侦察任务。

地道
战壕通过地道可以连接到德军避难所，德军士兵往返前线时无须暴露在敌军炮火之下。

前线
第一道战壕距离作战区域最近，通常最危险，里面的士兵必须注意躲避敌方的炮火。

第二道战壕
第二道战壕是前线的备用战壕，其内部往往设有避难所。避难所处于10米深的位置，能承受重炮的直接冲击。

▼ 试图靠近德军阵地破坏铁丝网的俄军士兵被德军射杀。约摄于1917年

俄国陆军之殇

东线战场制造了第一次世界大战的最大伤亡，却往往被人忽视，人们更多提到这里发生的革命与内战。

时间：1917年　地点：东线战场

俄军为这场胜利付出了高昂的代价，近百万士兵伤亡，其中一半命丧沙场。俄军利用优势兵力在东线喀尔巴阡山一带与奥匈帝国展开激战，几乎将奥匈帝国彻底逐出战场。

"布鲁西洛夫攻势"是第一次世界大战中唯一一场以指挥官（阿列克谢·布鲁西洛夫）名字命名的战役。这场攻势从1916年6月持续到9月，布鲁西洛夫将军即将获得全面胜利，不料遭到奥匈帝国盟友的联合阻截，奥匈帝国逃出生天。罗马尼亚人显然是俄军战线的薄弱一环，他们没能守住南部战线，反而遭遇溃败导致全面撤退，糟糕的局面直到冬天来临时才得以缓解。这场战役实现了俄军总参谋长米哈伊尔·阿列克谢耶夫在1916年年初的设想，即集中各方力量将奥匈帝国淘汰出局。

俄军在夏天的攻势中伤亡惨重，士气低落，如今开赴罗马尼亚遏制同盟国的推进，对俄国来说生死攸关。如果说俄军同仇敌忾的集体意志曾一度被击垮，那就是在这里。在这里，即将到手的胜利又变成一场惨烈的挫败。造化弄人，俄国人努力培植罗马尼亚，以为罗马尼亚总会对加利西亚战役产生积极作用，谁料打错了如意算盘。

值得注意的是，1916年10月一些俄国军团内部发生了小规模反战事件。法国驻沙皇尼古拉二世朝廷大使毛里斯·巴列奥洛格报告说："1916年夏天，俄国多个城市因厌倦战争与食物短缺而爆发了骚乱。这些骚乱是1917年革命的序曲。"圣彼得堡的很多工厂工人罢工，当时法国雷诺公司的工人试图继续工作，却遭到罢工者的攻击。警察呼叫步兵协助镇压，步兵却与罢工者站在一边，最后调动了哥萨克骑兵才恢复了秩序。

战争爆发之初，俄国与其他交战国一样，乐观地以为战争会速战速决，因而并没有考虑如何生产和调配战争耗材与战略物资。随着战事扩大，弹药的缺乏很快达到危机临界点。

与其他工业国家不同，俄国没有可用于战争生产的制造业储备，也没有有效的官僚机构来协调战争。除了军官平庸无能（主因），俄国还缺乏发动现代战争所需的一切物资，特别是大炮。俄国唯一拥有的"丰富资源"就是人力。1914年，俄国一个师的兵力约15000人。俄军共动员了115个步兵师和38个骑兵师，约230万名士兵，但仅有约8000门火炮。俄军面对如此开阔的战线和数量如此众多的敌军，困难重重。俄军只有不到30%的兵力可在北部战线对抗德军，其捉襟见肘可见一斑。

随着战局进一步恶化，不安情绪也进一步累积，尼古拉二世一定很后悔自己1915年9月解除了尼古拉·尼古拉耶维奇大公的总司令职务。当时人们提醒沙皇不能同时兼管军事和政治，但他闭目塞听，独揽了军政大权。

尽管他提出自己仅担任名义上的领袖，由米哈伊尔·阿列克谢耶夫实际掌控军队，但他的名字仍与失败紧密联系在一起。1916年3月至4月，俄军在纳罗奇湖战役中损失惨重，苛责之声不绝于耳。人们怀疑俄军的攻击目标很不明确，唯一的结果竟是减轻了德军在凡尔登的压力。亚历山大·诺斯科夫将军哀叹道："我们的损失非常大，约有25万人。这种巨大牺牲是尼古拉二

▼ 第一次世界大战爆发不久后俄军招募的步兵，很多人将在随后的血腥战斗中丧命

当时人们提醒沙皇不能同时兼管军事和政治,但他闭目塞听,独揽了军政大权。

世皇帝一手造成的。"沙皇不在前线还说明以德国裔皇后和巫医拉斯普京为核心的小集团已经有效地控制了政府,这进一步加剧了人们的不满情绪。

1916年,可怕的阴谋论甚嚣尘上,10多个团发生兵变。据报道,每天都有数千名士兵逃离部队。沙皇似乎已经无力掌控军队或政府,甚至处死拉斯普京也于事无补,俄国正近乎陷入无政府状态。

圣诞节即将来临,俄军转向北部战线,第12集团军与拉脱维亚部队在拉脱维亚叶尔加瓦地区展开攻势。俄军因无法突破奥匈帝国的防线,便在拉德科·迪米特里耶夫将军的率领下草率地对德军发起攻击。

第一次世界大战是结盟各方协同作战的战争,俄国常常迫于协约国盟友的压力发动进攻。1916年12月底的所谓"圣诞会战"就是在这种背景下打响的。为了分散德军后备部队的注意

▲ 约1917年,德军在位于里加的瑞典建造的杜纳蒙德要塞(今属拉脱维亚)缴获两门俄军大炮

力,缓解法国在凡尔登战线的压力,俄军向里加前线的德国第8集团军发动攻击。之前的布鲁西洛夫夏季攻势也出于类似动机,当时意大利请求俄军分散特伦蒂诺奥地利军队的注意力,布鲁西洛夫因此提前发动进攻。

德国第8集团军从1915年10月起便驻扎在里加附近阻止俄军的推进,已经一年有余。他们修筑战壕与防御工事,用沙子和木材建设了一条30千米的防御墙,大言不惭地称其为"德国长城",坐等俄军的到来。这道墙横跨蒂雷利斯沼泽,对任何企图发动进攻的士兵来说都是可怕的梦魇。12月中旬,气温骤降至-35℃,滴水成冰,寒冷难耐,但沼泽封冻,是进攻德军防御工事的最佳时机。

俄军决定出其不意,计划在12月23日发动进攻,他们认为临近圣诞节德军应该疏于防范。俄军的终极目标是位于拉脱维亚中部的叶尔加瓦(德语称"米塔乌"),即里加西南侧的铁路和公路枢纽。负责进攻的主力部队是俄军西伯利亚第6步枪军,其中包括两个拉脱维亚步枪旅。

当天凌晨,攻击正式开始。这次攻击除了时机出其不意,也没有炮火掩护,因而德军无法得到预警。相比之下,西线战场在正面进攻之前通常是一通声势浩大但毫无作用的炮击。

可悲的是,俄国人虽然计划周密,但随着德军增强防御,俄军的进攻戛然而止,失误接踵而至。

▲ 拉脱维亚首都里加在被德军占领后,到处是受损的建筑

四面楚歌

尼古拉二世要对抗众多求胜心切的对手，他面对的是一个几乎无法完成的任务

第一次世界大战的东线战场从来不是俄国与德国你来我往的简单对抗。当奥匈帝国向塞尔维亚宣战，对斯拉夫盟友出手相助是俄国义不容辞的责任。此外，俄国还要面对虎视眈眈、力挺奥匈帝国盟友的德国。因此，俄国处于德国与奥匈帝国的合围之下，要在从波罗的海到黑海绵延1600千米的战线上作战。但事实远不止于此。1914年11月，土耳其加入同盟国，成为俄国的第三个对手。1915年9月，保加利亚将自己的命运交给同盟国集团，俄国的对手从3个变为4个。保加利亚对于第二次巴尔干战争中输给塞尔维亚耿耿于怀，而塞尔维亚的"老大哥"俄国正四面受敌，保加利亚希望趁机挽回损失。1916年，一系列战役打响，尼古拉二世发现自己腹背受敌，其中还有我们未提到的波兰军团。

德国

俄国在与奥匈帝国的对抗中一向得心应手，但与德国的交锋则大相径庭。1914年8月至9月，俄军与德军交手，在坦能堡战役和第一次马祖里湖战役中几乎全军覆没。但施里芬计划失败后，德国被迫在两条战线上同时开战，因而无法在东线部署足够的军力来击败俄国。俄国领土对德国军队来说实在太大了。1917年9月，德军最后一次尝试攻击俄国，在里加攻势中占领了俄国战线的最北端。

土耳其

1914年8月，土耳其加入同盟国集团，两个月后，土耳其战舰轰炸了俄国黑海沿岸。俄国与土耳其的交锋主要集中在两个战区，即西波斯地区和亚美尼亚地区。1915年1月，俄国请求英国分担俄国在高加索地区的压力，因而引发了结局惨烈的达达尼尔战役。1916年年末至1917年年初，俄军占据上风，但国内革命的爆发致使俄国逐步撤离西波斯地区。

保加利亚

1913年，保加利亚在塞尔维亚与希腊的联手进攻下失利，因而急于伺机报复。战争初期，保加利亚保持中立，1915年9月加入同盟国集团，企图趁机兼并塞尔维亚的马其顿地区，实现建立大保加利亚的野心。保加利亚很快向塞尔维亚宣战。1916年，保加利亚攻击了与协约国站在一边的希腊和罗马尼亚。8月，保加利亚军队挺进多布罗加，与罗马尼亚军和俄军对阵。

波兰军团

第一次世界大战期间，波兰尚未恢复独立，其领土被德国、奥匈帝国与俄国瓜分。波兰希望通过支持潜在的获胜方获得承认，通过参战换取未来的自治权。约瑟夫·毕苏斯基（未来的波兰国家元首）预见战争将摧毁三大帝国，他选择将同盟国作为盟友，组建波兰军团对抗俄国。布鲁西洛夫攻势中，隶属奥匈帝国的波兰军团在科斯蒂乌赫努夫卡战役中击败俄军。

奥匈帝国

第一次世界大战期间，暮气沉沉的二元君主国家奥匈帝国一直正面对抗俄军，也给了俄军取胜的良机。可惜，一击制胜的机会却从俄军手中溜走，这一方面源于俄军自身的失误，另一方面强悍的德军恰好在合适的时间投入战场。1916年6月至9月的布鲁西洛夫攻势清晰地展现了这一事实。俄军的攻势几乎将奥匈帝国从战争中淘汰出局，但15个德国师从西线战场到达后，俄国的所有希望化为泡影。

▲ 俄军步兵挤在后方的战壕里，等待向德军发起冲锋

几个连队发生兵变，西伯利亚第17团拒绝发动进攻。稍一迟疑，德军便发起反攻。圣诞节当天，俄军再一次发动进攻，占领沼泽北侧一座建有防御工事的山丘（后称"机枪山"），但指挥官未能预料到这一战果，更谈不上加以利用。到12月29日，俄军突破德军防御墙的行动逐渐偃旗息鼓。又一场优柔寡断的战斗过后，俄军将面临另一番境遇。

1916年1月，德军发动步兵进攻。按照惯例，德军仍先发动一通炮击。拉脱维亚人与西伯利亚人坚守阵地3天，多次尝试反攻，均告失败。德军收复了之前失去的80%阵地，但机枪山仍在俄军控制之下。

气温进一步下降到-38℃，交战停止，双方因严寒就地停火。俄军共损失约13000人，其中拉脱维亚步枪旅的损失就有8000人。严重的伤亡加剧了人们对俄国将军与沙皇的不满，沙皇名义上应对这场溃败负责。拒绝出战的西伯利亚士兵遭受处罚，一些人被处死，令人啼笑皆非的是，另一些人被送回西伯利亚。同时，民众对布尔什维克的支持度上升。

1916年至1917年的圣诞会战，几乎是东线战场的缩影，交战双方筋疲力尽，僵持不下。军事家们总是将东线战场看作西线战场的附庸，东线战场未来如何要依赖西线战场的走势，但对交战双方而言，东线仍很重要。而事实也是如此，战斗尚未分出胜负，德军也不可能将部队大规模转移到西线。

战争初期，俄国人对战争充满乐观与激情，对德国的一切事物充满了仇恨，对祖国和沙皇充满热爱，但俄国很快便走向革命、内战和布尔什维克对权力的巩固。1914年的那个灿烂秋天，一切皆有可能，似乎充满希望，如今看来道阻且长。在爱国声浪四起的日子里，德国驻圣彼得堡大使馆遭到破坏，发音类似德语的城市名变为彼得格勒，倒有些超凡脱俗的意味。那时，没有任何失败主义情绪（与1905年日俄战争时期不同），只有坚定的战斗决心和对最终胜利的信念，人们心无旁骛。前首相谢尔盖·维特伯爵曾是少数几位有先见之明的人之一，他预言战争将不可避免地带来革命。随着圣诞会战的失利，密谋者聚集起来，就像乌鸦在腐肉周围盘旋。

也许俄国一败再败，很多人认为，俄国麻木的领袖和将军是在把装备简陋的士兵集体送上战场当炮灰。不过，若把他们的做法简单地视为愚蠢无能，似乎有失偏颇。对于俄国人的心理，温斯顿·丘吉尔认为："撤回本土，（俄国人）就可以把握自己的命运。"或许的确如此，德国脱离了用于运送补给和快速布防的铁路运输系统，几乎寸步难行。但英国宫务大臣桑德赫斯勋爵认为，此时的俄国"一无是处，糟糕至

▲ 1917年第一次革命后的5月,东线俄军士兵召开了一次政治会议

极"。这也是大众的普遍看法。

布鲁西洛夫利用常识另辟蹊径,则是一个很好的战例。1916年,他发动的夏季攻势展示了人们往往忽略的战术常识。这次攻势的进攻范围远比以前大,对战线附近的许多地点都实施了打击,以迷惑敌人。这与以往的攻击形成鲜明对比,过去针对的只是人员密集的小片区域。炮兵和步兵试图协同作战,为掩盖俄军的意图,他们秘密地推进炮位,并有意限制炮击的持续时间(并从空中进行监视)。前线战壕在"零时"(午夜)之前向前掘进,尽可能靠近敌军,而步兵已经事先对德国阵地状况进行了沙盘推演。布鲁西洛夫还留下一支战略后备队,随时准备趁机入侵敌方阵地。

布鲁西洛夫本应获得胜利,但与那些伟人相比,他少了一份最重要的东西:运气。如今他为退位的沙皇辩解,也为战争的持续慨叹。

二月革命发生后,沙皇成了替罪羊,他被迫退位,临时政府接管了政权。经历两年的军事失利与食品短缺,当警察向抗议的工人开枪时,民众爆发出激烈的反抗情绪,对此没有人大惊小怪。每个人都对皇室嗤之以鼻。

新任外交部长帕维尔·米留科夫支持继续参战,希望通过战争实现民族的雄心。社会革命党领导人、战争部长、未来的总理亚历山大·克伦斯基也持同样观点,他希望在法国革命式的

1914年的那个灿烂秋天,一切皆有可能,似乎充满希望,如今看来道阻且长。

俄国前线

人们都以为东线战场充满了变数与转机，但出人意料的是，东线战场并未速战速决

西线战场很快变成一场消耗战，4年间，战线几乎一动不动，而东线则时常变动，交战部队你来我往，大开大合。丘吉尔的发言明确指出了问题所在："东部疆域广阔，任何军队都无法全部覆盖。"没有任何一方可以一击致命。

历史惊人地相似，俄国仍以空间和生命换取时间。在北方，德国与俄国隔着战线针锋相对，这条战线从波罗的海向南延伸，有两处明显的凸起，即德国领土的最北端（东普鲁士），1914年的坦能堡战役与第一次马祖里湖战役就发生在这里。凸起的下方是俄国领土的最西端，就像又粗又短的拇指伸入普鲁士与加利西亚之间，华沙就是这一地区的心脏。奥匈帝国与俄国在加利西亚战场的对抗就像玩悠悠球游戏，沿着喀尔巴阡山你来我往。战线继续向南延伸至黑海，保加利亚和罗马尼亚先后参战，互相对抗。罗马尼亚显然是俄国的累赘，眼睁睁看着保加利亚人拥进多布罗加，控制罗马尼亚位于黑海的港口康斯坦察，跨过多瑙河占领瓦拉几亚。

土耳其的参战使俄国在黑海东岸与里海之间又增加了一条新战线。如今，不只是德国人在进行多线作战。战争初期，德国在西线取得一系列胜利，俄国倍感压力，最终进攻了奥匈帝国位于波兰南部与加利西亚的领土，然后对德军发动攻势，他们首先攻击东普鲁士，然后沿华沙向北出击。俄国兵力很强，但军备很弱，明显缺乏枪支、火炮、弹药和军服等物资，居然可以多线作战，真令人难以置信。

"全民武装"和军队"民主化"的基础上开展新的军事行动,振兴俄国,从而战胜布尔什维克。他认为,战场上的胜利可以化解国内的分歧。刚起步的民主俄国的新领导人放任弗拉基米尔·列宁对军人进行反战宣传,终因战争执行力和军纪涣散问题走向失败。他们不会是第一个,也不会是最后一个误以为战争可以团结和约束民众的政客。同时,对沙皇来说,活着是生活的全部。

临时政府在与工人苏维埃(委员会)的竞争中已经失掉民心。《彼得格勒苏维埃第1号令》规定,所有武器交由士兵选出的士兵苏维埃管制。临时政府发现自己实际在与苏维埃分享权力,处境十分尴尬。苏维埃已经控制了彼得格勒及其周边地区的大批陆军和海军,还控制了铁路、邮政和电报服务,无须政府授权就可以对士兵和职员发号施令。

传统的军纪已经遭到破坏,大部分士兵通过罢工反抗任何敌对行动,俄国的战争机器实际已停止运转。同时,德国扮演了"第五纵队"角色,协助列宁和他的助手从流放地返回俄国,使他们可以组织革命,破坏甚至终结俄国在战争中对盟友的承诺。至关重要的是,列宁承诺结束与德国的对抗。

在上述情况下,布鲁西洛夫仍率领俄军发动了强悍的七月攻势(或称克伦斯基攻势),在加利西亚前线又战一场,着实令人刮目相看。7月1

布鲁西洛夫本应获得胜利,但与那些伟人相比,他少了一份最重要的东西:运气。

▲ 1917年9月,俄国临时政府总理亚历山大·克伦斯基(头上标记"X"符号者)在前线慰问士兵

▲ 俄军士兵密切关注敌军的动向,警惕对方发动炮击

日,战役打响。这场攻势也包括为期10天的东加利西亚战役,后来俄军转战今天西乌克兰地区的利沃夫。

最初俄军向奥匈帝国军发动了一次非同寻常的猛烈炮击,初尝胜果,但他们没有对韧性更强的德军发动进攻。随着战斗进行,俄国的伤亡不断增加,士气逐渐低落。可有可无的罗马尼亚部队再次现身,与俄军联合发起攻势,在马尔勒什蒂战役中取得突破。但士兵委员会讨论是否应该服从军官的命令后,士兵大规模逃离部队,试图阻拦的军官遭到枪杀。到了7月16日,俄国的攻势已经崩溃。

7月19日,德国菲利克斯·冯·博特默将军率领一支德奥联军将俄军逐向俄国本土,沿途重新夺回了哈利奇等重要城市,也包括靠近奥匈帝国与俄国边界加利西亚地区的泰尔诺皮尔以及喀尔巴阡山地区的切尔诺夫策。他们穿越乌克兰与加利西亚地区时,几乎没有遇到任何俄军的抵抗。7月20日,俄军战线瓦解,向后回撤240千米。俄军的迅速崩溃说明,俄军士气荡然无存,军官已经无法控制士兵。布鲁西洛夫被拉夫尔·科尔尼洛夫取代,但已经无关大局。俄军在第一次世界大战中的最后一次攻势以失败告终。丘吉尔预感,战争即将结束,因为"交战各方已经筋疲力尽,而非捷报频传"。

俄国人的进攻时运不济,人民企盼和平的呼声越来越高,军队内部尤甚。同时,克伦斯基虽然决心履行对盟友的义务,但几乎没有唤起俄国士兵的斗志。由于粮食短缺和物价上涨,民众对临时政府的怨气越来越重,克伦斯基急需取得一

▲ 灰蒙蒙的天空下，一名俄军士兵在阵亡将士冰冻的死尸间徘徊

▶ 1917年7月，俄军士兵接受亚历山大·克伦斯基检阅

场胜利，以恢复士兵的士气，获得民众的青睐，从而增强临时政府的号召力。他进行了一场豪赌，结果面对的是死亡和失败。这场战役严重削弱了民主制度潜在的公信力与战争军备。士兵和工人在彼得格勒发动反对临时政府的暴动，"七月危机"爆发。

然而，德军与俄军在东线最北端仍激战正酣，近一年前的圣诞会战就发生在这里。9月初，里加战役爆发，德军攻占里加，在两军最后一战中控制了东线北端。守卫基辅的俄军拒绝出战，望风而逃。

同时，科尔尼洛夫根据临时政府的策略，在彼得格勒领导了一场反革命运动，试图先控制政府，再粉碎苏维埃力量。一场诡异的闹剧发生了，临时政府请求布尔什维克赤卫队帮忙保卫城市，"偷猎者变成了猎场看守"。科尔尼洛夫企图掌控权力，将布尔什维克消灭在萌芽之中，结果遭遇挫败，在克伦斯基的授意下被捕。

俄国在第一次世界大战的遭遇似乎消逝在历史的滚滚洪流中，仅仅成为一系列重大革命事件的附注。丘吉尔称其为"不为人知的战争"，也许恰如其分。不为人知，并非刻意无视。随着历史学家开始对第一次世界大战东方战线表现出更为浓厚的兴趣，人们的认知正在悄然改变。

德意志帝国的反击

1918年春,埃里希·鲁登道夫发动攻势,他希望给予英国致命一击,为德意志帝国赢得最终胜利。

1918年年初,经历多年消耗战,德军战线正处于崩溃的边缘,德军最高统帅部对此心知肚明。如今,德军无限制潜艇攻击战略已经失败,英国新海军战略已经掌握海上控制权。年初以来,美国源源不断地向盟军大量运送武器和补给,数十万名美军士兵在法国港口登陆。1918年1月,尽管德国野战军尚有510万兵力,但实际上唯一可能实现的便是发动最后一击,迫使协约国来到谈判桌前,接受有利于德意志帝国的和约条款,停止敌对行动。

> 我反对使用"军事行动"一词。我们只是从战线中央砸出一个洞,其他的就顺其自然了。
> ——埃里希·鲁登道夫将军

▲ 暴风突击队员穿越无人区,向目标冲锋

为了在西线实现这一作战目标,德军自1917年11月便开始策划这场大型攻势,其中首先要做的便是确定攻击地点与攻击目标。德军很清楚,他们缺乏战略储备,无法对法军发动决定性一击,因为当时法军拥有7个集团军,况且法军占据的大部分地理位置为防守方提供了大量调整空间与调动掩护,不适合大规模攻击。从战术与机动性角度比较,法军也比英军强大很多。因此,攻击英军似乎胜算更高。

英军兵源不足,力量薄弱,与其协同作战的葡萄牙部队缺乏实战经验。德军可以绕过英军侧翼,切断其后撤路线,英军大部将束手就擒。这样一来,"简单的"战略胜利便可以转化为决定性的作战成果,反攻时刻随之而来。

米夏埃尔攻势

1918年1月,德军决定攻击瓦兹河与阿拉斯城之间长约80千米的战线,行动代号"米夏埃尔"。3支独立部队参战,分别是第2集团军、第17集团军和第18集团军。第2集团军参加过1917年康布雷战役的反攻,由冯·德·马维茨将军指挥。第17集团军由奥托·冯·贝洛将军指挥,虽然是一支新军,但贝洛将军身经百战,1917年曾率领第14集团军在卡波雷托战役中大获全胜。第18集团军由奥斯卡·冯·胡蒂尔指挥,胡蒂尔是东线战场的老兵,曾率领第2集团军攻占里加。这三位统帅均久经沙场,且有一个共同之处:1917年,每一位都依靠独特的暴风

第211预备役步兵团
中尉阿尔弗雷德·斯普利特戈贝尔

德军的优势从未像今天这样明显……我不停地在地图上标记德军新占领的村庄。我们已经迫不及待,恨不得马上投入战斗,再次成为堑壕里的勇士。我们期待胜利马上到来,英国人很快就会从南北两侧撤退。一种不可思议的神奇力量突然在我们的血液里奔腾。相比英国人的脆弱,我们是多么强大!太刺激了,巴黎也将俯首称臣。用不了多久,我们的远程火炮就会对准伦敦城!我们最终将他们踩在脚下,我们傲视群雄!这就是一名士兵的幸福之源!

探秘 A7V 坦克

1918年，德军对抗英军坦克的秘密武器驶入战场

米夏埃尔攻势期间，370辆英军坦克沿战线分布，但只有一半在行动，大部分在撤退过程中抛锚。德军方面，第36步兵师得到了第一装甲突击车部队（坦克攻击特遣队）的支援，该特遣队由一辆德制A7V坦克与5辆缴获的英制MkIV坦克组成。1918年年初，经过两年研发的A7V坦克推向战场。德军最初预订了100辆A7V坦克，但截至战争结束，只有20辆投入使用。

1918年3月至10月，这20辆坦克是德国唯一投入军事行动的坦克。A7V的名称来自其隶属的部队，即作战总部第7局运输队。德军坦克机组人员由来自各战斗部队和后勤补给部队的志愿者组成，指挥官、驾驶员和机械师大部分曾隶属汽车运输部队，炮手和装弹员原是步兵部队的炮手或机枪手。德军最高统帅部的主流观点较为守旧，他们认为，步兵是实施突破的最佳多面手，那些精锐暴风突击队员尤为如此。因此，德军认为坦克是攻击敌方据点的辅助武器，可用于储运步兵突击队员。

A7V坦克作为步兵战斗武器，设有16名机组人员，还可额外搭载8名步兵突击队员。此外，所有德军坦克兵还受训兼有步兵技能，一旦作战环境变化或者坦克失灵，可以应对自如。坦克前侧高位装备了57毫米速射主炮，可以360°开火，是英军Ⅳ型坦克机关炮进攻效率的两倍，其前部收窄设计与巧妙的内部信号灯设置使坦克更易操控。然而，该坦克也有一个严重的设计缺陷，即离地间隙小，因而越野能力差，其引擎也容易过热，机械故障时有发生。

德军装甲力量大部分来自缴获的英军坦克。康布雷战役开始不久，德军从战场上截获大量坦克，将其运至沙勒罗瓦修整翻新，装配了比利时制造的57毫米马克沁-诺登费尔特火炮和德制MG08机枪，重塑了外观。坦克原有发动机是戴姆勒公司授权英国威廉福斯特公司生产的，戴姆勒柏林公司生产并输送了零配件。据报道，1918年9月28日，35辆缴获坦克投入使用，截至年底，增加到75辆。德军总计缴获英军坦克170辆，部分经改造重新投入战争对抗英军。

武器装备

A7V坦克前方高位架设了57毫米马克沁-诺登费尔特火炮，每分钟可发射25枚炮弹。另在坦克周边配备了6挺7.5毫米马克沁机枪，可以360°开火。

▲ 1918年夏，一辆A7V坦克停放在兰斯附近的训练场

装甲
其顶部装甲较弱，只有 6 毫米，其余部位则做加厚处理，可适应任何复杂环境。其前部装甲厚达 30 毫米。

发动机
坦克装备了两台戴姆勒汽油发动机，拥有 200 马力，最高时速 16 千米，远胜于其英军对手 V 型坦克。根据路况差别，该坦克续航能力在 44 千米至 88 千米之间。

暴风突击营

德军的新兵种在春季攻势中发挥了关键作用

▲ 1918年3月,一名年轻的暴风突击队员

为测试新武器,开发新战术,打破西线僵局,德国最高统帅部命令第8军组建一支特遣队。1915年3月2日,第一支暴风突击队正式亮相,其创始人为卡尔索少校,因而也称"卡尔索特遣突击队"。后来该部队在韦利·罗尔上尉的指挥下,提升了战力,因而得名"罗尔突击队"。罗尔创造的作战方法是现代小规模步兵战术的基础。当时甚至海军也组建了突击队。

到了1918年,典型的暴风突击往往以一阵短暂的高强度炮击拉开序幕,炮击主要采取高爆性、多碎片的炮弹结合大量毒气弹的方式。炮击行动是为了使敌军阵地瘫痪,威慑阵地守军。接下来是地毯式轰炸,小规模暴风突击队将按指令分头向前突进,渗透敌军阵地的薄弱之处,破坏敌军指挥与联络中心,摧毁其炮兵阵地,尽可能避免正面对战。

暴风突击队身后是大规模的重装备突击集群,他们携带机枪、火焰喷射器和迫击炮等重武器,集中攻击敌军局部战线和据点,为后续步兵的突破发挥支撑与加速作用。突击队员要迅速出击、快速反应,必须时时依赖体能与心理的结合,发挥强大的主观能动性。只有最年轻、最强壮的士兵入选暴风突击营,才能使这些设想变为现实。

1915年参与实验的突击特遣队员身着铠甲,装备钢铁盾牌与重武器,但德军很快意识到,速度与机动性更为重要。战斗中,暴风突击队员主要使用短款卡宾枪、军刀、尖铁铲和装满特制沙袋的手榴弹。士官和军官则携带反应快速的手枪,如毛瑟C96或鲁格P08,同时配备肩背式高容量弹夹。只有火力支援部队才使用轻机枪及其他重武器掩护突击队员。

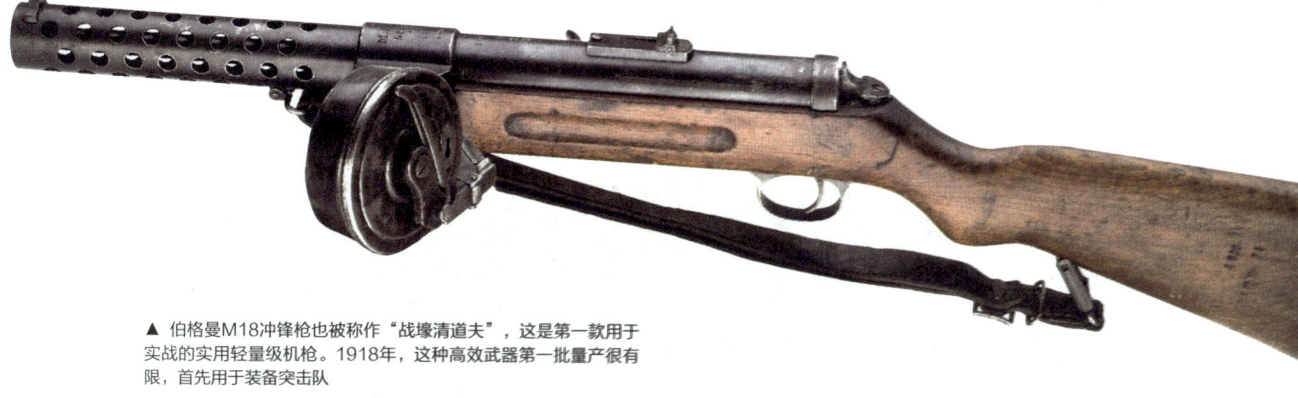

▲ 伯格曼M18冲锋枪也被称作"战壕清道夫",这是第一款用于实战的实用轻量级机枪。1918年,这种高效武器第一批量产很有限,首先用于装备突击队

突击战术与炮兵战术相结合取得过赫赫战功。

为确保参与行动的都是最优秀的士兵,3支部队都将35岁以上的士兵调整出来,用东线战场归来的年轻士兵填补空位。在强大的后勤保障与周密的组织协调下,所有参战部队都要接受严格的作战培训,共56个师(大概相当于整支英军的规模)调离战场,接受了为期3周的高强度特训。士兵们演练小规模突击战术,抓紧时间在射击场上磨炼射击技巧。

为了保证此次进攻质量,德军集结了近万门大炮和短程迫击炮,将最强的炮兵火力和盘托出,约相当于德军西线战场全部炮兵力量的一半。1918年年初,德军将进行大量的战壕突袭行动,炮兵的首要任务是提供有效的火力支持,并向突击行动攻击不到的联军据点和炮兵阵地施放毒气。战壕突袭行动是为了掩饰攻势的准备工作,压制联军的突袭行动,限制其情报收集活动。

1918年3月20日夜,3965门野战炮、2643门重炮、3532门战壕迫击炮、82个空军中队与72支步兵师集结完毕,总计约140万名经过最新顶级攻击战术特训的德军士兵整装待发。他们不仅要猛攻高福将军指挥的第5集团军,还要攻击其北侧宾将军指挥的第3集团军。德军的目标是突破并粉碎弗莱斯基埃战线的突出部分,困住苦守战线的英军,然后穿越原索姆河战场向西侧与西南侧发起冲锋,攻向亚眠。

这样一来,他们将在英军和法军之间钉入一枚楔子,以期击溃其中一方,甚至将英法同时歼灭。德军指挥官认为,胜利已经触手可及。他在发给前线各兵团的第一份手令中写道:"进攻日期:3月21日;进攻时间:上午9点40分。"一名德国士兵激情满满地说:"4年的煎熬,4年的咬牙隐忍,我们终于发起复仇的行动!我们不再是铁砧,我们将挥动铁锤!"

暴风突击行动

1918年3月21日4点40分,近万门各种口径的德国大炮和迫击炮未经事先预警便发动猛烈的炮击,这在战争史上前所未见。不到5个小时,350万枚炮弹倾泻在索姆河区域240平方千米范围的英军阵地上,比两年前英军"七日初步炮轰"总量的两倍还多。

致命的炮击刚刚告一段落,德军的野战炮和战壕迫击炮又开启了新一轮地毯式轰炸,这些轰炸火力每4分钟向前推进200米。德军大量小股攻击部队或暴风突击队根据信号指示冲出战壕,借着烟雾的掩护向英军防御阵地发起冲锋。仅仅几分钟后,他们已经穿透第一道防线,迅速在英军后方制造混乱和杀伤。暴风突击集群——由40人组成的大型战斗编队,有时甚至扩充到营级规

▲ "格奥尔基特攻势"中的英军战俘

模——紧随其后。他们全副武装,携带机枪、迫击炮以及最新开发的野战炮等重武器,在步兵司令指挥官的直接指挥下参与步兵突击。

强悍的先头部队在英军战线上撕开了几处口子,德军普通步兵紧随其后进行大规模攻击。受惊的守军很难抵抗,甚至毫无还手之力,联军的防御"大堤"已然决口,身着灰绿色制服的德国兵如滚烫的钢水涌了进来。英军只好全面撤退。德军很快到达英军炮兵阵地,打破了堑壕战的僵局。随后几天里,德军将联军冲得七零八落,攻占了大片疆域,向前推进了65千米,即将夺取亚眠。

德军此次占领的土地是过去两年拼力夺取土地总量的15倍,他们似乎勇不可挡。联军总部担心德军把英法两国军队的联系完全切断,同意将双方部队交由法国的费迪南·福煦将军统一指挥,以实现协同作战。4月5日,联军的防御终于控制住局势,德军终止攻击行动。此时,联军并未察觉到,德军的攻击速度和攻击规模也是其致命硬伤。暴风突击队员已然是强弩之末,普通德国士兵也不堪重负。

多年来,战争一直处于僵持状态,德军的后勤补给无法满足战线快速推进的需要,已经崩溃。德军虽然取得了重大进展,但相对巨大的消耗,胜利不值一提。战斗中兵力损失近13万人,而且一时难以补充。

德军的突进深度上升为主要问题,而最高统帅部却选择视而不见,听之任之。1916年至1917年,"米夏埃尔攻势"的战场遭到过两次破坏,已经没有可供行军或运送补给的道路。况且,德军狂傲自负,无视卡车的生产与战争作用,而英国海军的封锁使德国几乎无法从海外进口橡胶,问题进一步加剧。

因为补给线过长、基础设施不足、缺乏车辆运输,德军的进攻陷入停顿状态。据称,大量饥肠辘辘、筋疲力尽的德军士兵没有继续追击英军,而是扑向英军补给站,用腌牛肉和酒水填饱肚子,进攻自然熄火。英军食品补给的数量和质量令德军士兵惊叹不已,他们抓起肉、糖、香烟和白兰地,将自己的口袋、帆布背包塞得满满的,好在德军指挥官尚未失去对下属的控制。

后续攻势

4月9日,德军再度发动攻击。德军称这次攻击为"格奥尔基特攻势",主要针对伊普尔战场的南部战线。德军再次采取多兵种联合作战模式,14个师横扫联军战线,迅速击溃了对阵的英军与葡萄牙军。然而,进攻很快熄火,这次也是因为英军的灵活防御策略。1918年5月27日,德军出其不意地发动了最后一次成功的战役,即横穿贵妇小径山脊的布吕歇尔-约克行动,29个师参战,其中13个师参与了第一波攻击。5月29日,德军攻占苏瓦松,而后向马恩河推进,6月5日到达,距巴黎郊区仅50千米。此时,英、法、美联手缓缓压向来犯的德军,最终粉碎了德军的攻势。

战役中,德军损失了125000人,法军损失了167000人,英军损失了28703人,美军损失11000人。6月6日,鲁登道夫鸣金收兵。6月9日至13日,德军发起"格涅兹诺攻势",也称为"马茨之战",战斗在努瓦永-蒙迪迪耶地区展开。法军此次从一开始便寸土必争,自6月11日起,德军几乎无法向前推进。德军的最后一次攻势,即"马恩河-兰斯攻势"没有取得任何值得一提的战果。

6月18日,联军在马恩河地区发动大反攻,因为美军的加入,联军实力大大提升。3年来,德军的攻击第一次突破了联军的大片战线,但这些战果并未迅速削弱联军在法国北部的行动,也没能迫使联军停火和谈。德军被迫撤回埃纳河后方,彻底输掉了这场数字游戏。如今无论在战场上还是在大后方,德国都已经精疲力竭,已至穷途末路。

▼ 战斗中的德军暴风突击队

第一次世界大战之重大战役

走进第一次世界大战的主要战场，探讨生死之战的战略战术，揭开战争背后的秘密

104	加里波利之战：帝国的交锋
115	第二次伊普尔之战
118	凡尔登战役的起因
132	凡尔登战役
146	日德兰海战
152	索姆河战役
167	康布雷战役
178	最后一战

134

116

178

150

加里波利之战：帝国的交锋

时间：1915年4月至1916年1月　　地点：加里波利半岛

　　威廉·伯德伍德中将凝视着海岸线，他知道这里危机四伏。英军曾以为在与同盟国的对抗中，攻占加里波利易如反掌，万无一失，怎料这里正迅速演变为一场灾难。这位澳大利亚帝国军指挥官已被委以重任，试图在激烈的战斗中力挽狂澜。

　　1915年4月25日，澳大利亚帝国军开始登陆，以缓解海岸附近英军的作战压力。运输船试图靠近海滩，奥斯曼帝国的机枪手以逸待劳，率先攻击，很多士兵未及登陆便被驱离。那些勉强上岸的士兵面对的却是陡峭的悬崖和一支残酷无情的敌军。这支部队由穆斯塔法·凯末尔上校率领，凯末尔便是未来的阿塔图尔克（现代土耳其"国父"）。双方短兵相接，这场战斗显然不会轻而易举地结束。

　　英军原本期待通过这场战役打破西线的僵局，但进展却异常缓慢，很快便进入堑壕战状态。登陆后的前几天，澳大利亚和新西兰联合军团（简称澳新军团）一边挖战壕建立滩头阵地，一边等待上级命令，在此期间数百名士兵阵亡。

◀ 一名澳大利亚士兵正背着一名受伤的战友勇敢地穿过无人区,试图将他送到战地医院

整装待发,众志成城

时间回到1914年年初,澳新军团与现在的情况大为不同。当时他们并没有像英国主力部队那样在法国北方深陷堑壕战的泥潭,而是在撒哈拉沙漠进行作战训练。返回英国后,训练和住宿设施供不应求,澳新军团最好的选择就是投入如火如荼的战场。

澳大利亚与新西兰国内对战争充满期待,希望能在战争中有所表现。澳大利亚总理约瑟夫·库克承诺助英军一臂之力,很多澳大利亚人积极应征入伍,他们不想错过这次冒险体验。征兵工作过了圣诞节便将结束,机不可失,很多"娃娃兵"谎报年龄应聘这项高收入工作。澳大利亚很快招募到预定的20000人,组建了澳大利亚帝国军。新西兰也不甘人后,他们募集了8454名精壮的士兵,建立了新西兰远征军,1914年10月从首都惠灵顿开拔,迅速向战场进发。新西兰远征军到达欧洲后,首先被派往苏伊士运河抵御奥斯曼帝国对这条重要水道的突袭。时间快进到1915年4月,澳新军团大显身手的时刻到了,他们从埃及调往土耳其。他们觉得,加里波利和胜利的荣光在向他们招手。

英国地中海远征军有75000人,近一半兵力是来自澳大利亚与新西兰的士兵。1915年4月那个刻骨铭心的日子,这些澳新军团士兵身背40千克的装备与补给,进入险象环生的海湾(今天该海湾被命名为澳新军团湾),开始建立滩头阵地以对抗奥斯曼帝国军。

家乡和平安定的生活远在天涯,炎热的夏天即将来临。士兵备受土耳其燥热天气的煎熬,他们终于意识到这才是战争的真实面目。

英国地中海远征军有 75000 人,近一半兵力是来自澳大利亚与新西兰的士兵。

为什么进攻加里波利?

大英帝国对这次冒险的军事行动满怀期待,谁料事与愿违

加里波利战役是英国遭受的奇耻大辱,联军高层屡屡失误,为后人诟病。而奥斯曼军团誓死捍卫半岛的爱国热忱亦留名青史。

这场战役是海军大臣温斯顿·丘吉尔的力推之作,他希望借此开辟对抗同盟国的第二战线。强攻"欧洲的软肋"土耳其可以削弱东西两线德军和奥地利军的战斗力,他认为这是打破欧洲僵局的权宜之计。

1915年2月19日,强大的英国皇家海军驶入土耳其西岸达达尼尔海峡,向君士坦丁堡发动炮击,试图占领该城,加里波利战役打响。恶劣的天气以及异常顽强的土耳其堡垒给皇家海军造成巨大损失,3艘战舰被击沉。4月,英军调来包括澳新军团在内的增援部队,但他们在奥斯曼军团的强悍防守面前,只能勉强建立一个小小的立足点。

连续发动的多次攻势都徒劳无功,两军僵持数月。1915年12月,英军司令部决定马上停止战斗,撤离部队。他们回到西线战场,进行更为血腥的厮杀。

▲ 陆军元帅基齐纳勋爵与威廉·伯德伍德中将视察部队

澳新军团

来自帝国领地的士兵

英国从帝国各领地招募大批士兵编入英军，兵力大增。澳新军团驻防埃及，随时准备驰援加里波利。

堑壕里的守望

澳新军团湾的生活艰苦而枯燥。前线的日常任务就是在6千米的海湾范围内监视和狙击敌军阵地，偶尔也发动炮击。战线后方的士兵则通过战壕将轮渡载过来的补给运送至前线。据悉，尽管形势严峻，无拘无束的澳大利亚人仍会在爱琴海中游泳放松。但澳大利亚陆军医疗队的处境异常艰难，他们常常人手不足，缺乏补给。他们缺少淡水，急需补充牛肉和硬饼干。

其中一位叫约翰·辛普森的著名军医拉着一头驮着担架的驴进入战场抢救伤员，将他们转移到后方安全地带。尽管医务人员兢兢业业，但伤寒和痢疾仍很普遍，这些疾病加上营养不良使澳新军团的士兵备受打击，沮丧不已。

1915年4月至8月，奥斯曼军团与澳新军团都无法打破僵局，双方进入堑壕战状态，澳新军团无力向前突进。

步枪帽
俗称"懒汉帽"。新西兰版与澳大利亚版略有不同，昵称"柠檬榨汁机"。步枪帽常使用不同颜色的衬带表示军阶和服役的部队。

刺刀
刺刀安装在步枪末端，用于近身距离作战。奥斯曼士兵手持利剑和长矛，在弹药不足时刺刀尤为重要。

装备
澳新军团普通士兵佩戴的萨姆·布朗皮带，附有左轮手枪皮套、弹药袋、剑鞘、指南针、双筒望远镜、地图盒、铁铲背囊和水壶。

制服
卡其色是当时制服颜色首选，有助于减轻土耳其烈日的炙烤。新西兰士兵制服的颜色比英军的稍绿一些。

口粮
每名士兵一般携带30千克口粮。最常见的食物是牛肉罐头、硬饼干、茶、糖和牛肉粒。他们也会携带木柴和备用服装。

步枪
澳新军团选用的是性能可靠的李-恩菲尔德MK1步枪。普通步兵配备这种步枪，军官则携带更小巧的左轮手枪。

马克沁机枪
马克沁机枪自诩性能最优，但很快被更稳定的维克斯机枪和霍奇基斯机枪取代。机枪是一种新型作战武器，可以打破堑壕战的僵局。

加兰德堑壕迫击炮
加里波利战役使用范围最广的是加兰德迫击炮，该武器可用于清除堑壕内的敌军。加兰德迫击炮使用望远镜瞄准，从上方填充弹药，以45°开火。

战时创新

5月初，新西兰步兵旅接到新的作战任务，试图战胜顽固的奥斯曼帝国军。新西兰步兵旅向南移动，前往英军正在激战的赫勒斯。他们的目标是攻占克里西亚村，将英军与澳新军团连接起来。最初的行军进展顺利，但随后遭遇了一系列战斗，800名士兵阵亡。

澳新军团的贡献不只局限在作战前线。一艘名为AE2的澳大利亚潜艇一直在海峡里潜伏游弋，不断深入土耳其领海骚扰土耳其海军，击沉了土耳其多艘驱逐舰、战列舰和炮舰。4月30日，AE2最终好运不再，与英军潜艇会合途中被土耳其鱼雷击中。亨利·斯多克船长只好凿沉潜艇，35名水兵被俘。

在澳新军团湾，剩余的联军士兵陷入与土耳其守军的苦战之中。土耳其守军的机枪火力盘踞在悬崖之上，联军多次冲击未果。守军实力不断增强，联军的推进更是难上加难。

潜望镜步枪是澳新军团的一项创新，大大降低了士兵的伤亡。这项发明是澳大利亚帝国军第2营的威廉·比奇完成的，他将镜子安装在步枪瞄准器上，士兵无须探出头便可以观察到奥斯曼士兵是否在目标范围之内。士兵们还在步枪扳机上安装了连线，可以远程扣动扳机，这样一来，手也不必暴露在堑壕外。

此外，士兵们还发明了果酱罐炸弹。虽然制作得比较粗糙，但这的确是一项绝妙的即兴之作，士兵们只需将手边的爆炸物直接填充到果酱罐里即可。总而言之，这项发明大胆实用，迅速在前线得到普遍应用。

5月15日，澳新军团痛失总参谋长，W.T. 布里奇斯少将被土耳其狙击手射杀。5月18日，42000名奥斯曼士兵发动攻击，被澳新军团击退。第2骑兵旅与第3骑兵旅前来增援，联军实力增强，但仍无法缓解海湾的压力。

澳新军团不断调整攻守策略，似乎仍难打破僵局。

隆派恩战役

1915年8月6日至8月9日

英军"八月攻势"若想胜利，对澳新军团湾上方100米高地的佯攻必须成功

到了1915年8月，澳新军团已经与英军兵合一处。澳新军团当天的任务是将奥斯曼军队从楚努克拜尔引开，为"八月攻势"的胜利创造条件。17点30分，澳新军团炮击停止，战役打响。

2. 堑壕防御

澳新军团神兵天降，奥斯曼守军大惊失色。但澳新军团士兵马上也大吃一惊，奥斯曼军战壕上方摆满了松树圆木，他们不知所措，很多士兵成了守军的活靶子，被轻而易举地击毙。

1. 战役爆发

在爱琴海岸，联军区域总指挥伊恩·汉密尔顿率领部队筑好一道防线，下令停止炮击。17点30分，第1、第2、第3营共4600名澳大利亚士兵背向太阳朝奥斯曼971号山头阵地发起冲锋。

▲ 士兵携带着食物和备用衣物等40千克补给物资行军

▲ 战斗结束后的澳大利亚步兵。奥斯曼士兵的尸体横七竖八地散落在战壕顶上

4. 胜利在黄昏

一些士兵没有投入堑壕战，他们直奔敌军后方的后备通信战壕。截至 18 点，即吹响进攻号角半小时后，澳新军团在奥斯曼军战壕内收获颇丰，最终控制战壕，清除了奥斯曼军队的抵抗力量。

7. 胜利

此刻第 5、6、7、8 和 12 营投入战斗，澳新军团成功将奥斯曼军整个第 16 预备役师吸引过来，随后奥斯曼军撤出战斗。4 天战斗造成 10000 名士兵阵亡，其中澳新军团 3000 人，奥斯曼军 7000 人。澳新军团因作战英勇获得 7 枚维多利亚十字勋章。

5. 地道战

澳大利亚工兵掘出一条穿越无人区的安全通道，便于部队增援。奥斯曼军卷土重来，双方开始 4 天 4 夜的肉搏战。士兵们距离很近，无法使用枪支，便用末上枪的刺刀和拳头做武器，战斗血腥恐怖。

6. 澳新军团占据上风

交战双方在黑暗的战壕中往往一对一交替开火。果酱罐炸弹和柄式手榴弹扔来扔去，战壕里很快堆满了死尸。澳新军团最终占据上风，开始将奥斯曼士兵向外驱赶。

3. 冲进战壕

绝望之中，澳新军团士兵开枪、投弹、拼刺刀，拼命爬上圆木，冲进战壕。每名澳新军团士兵都佩戴白袖章，以便和敌军区别开来，战斗已经转变为近身战。交战双方在迷宫似的战壕里猛冲猛打，疯狂开火，陷入一片混战。

敌军一览　从奥斯曼视角看加里波利战役

战役爆发之初，奥斯曼帝国并未做好准备。他们在第一次和第二次巴尔干战争中接连割地赔款，被称为"欧洲病夫"。奥斯曼原想与英国联手，但遭到拒绝。他们羡慕德国国力日隆，最终与同盟国并肩同行。

奥斯曼帝国与俄国长期竞争，决心抢占俄国海港。他们对俄国黑海港口发动进攻，俄国向其盟友求援，从而引发加里波利战役。

达达尼尔海峡两岸布满地雷，给英国皇家海军的船只造成极大破坏。英国人有所不知，他们的海上轰炸几乎驱离了这一地区所有的奥斯曼部队。后来，穆斯塔法·凯末尔从第 5 集团军调来 5 个军前来增援，大大增强了奥斯曼驻军的实力。

奥斯曼帝国在加里波利的作战部队严重依赖德国和奥地利的援助。他们借鉴了盟友的卡其色制服，不再佩戴传统的土耳其菲斯圆柱形毡帽，而采用卡巴拉克帽。

奥斯曼军几乎没有自产的武器弹药，其步枪和骑兵均使用 1893 款毛瑟枪或格韦尔 88 步枪，这些仍是德国提供的。在加里波利半岛战役中，奥斯曼军也使用佩剑、手枪、长矛以及德国制造的柄式手榴弹。

▲ 英国低估了达达尼尔海峡的防守实力，结果成就了奥斯曼帝国最大的胜利

一败再败

5月24日，双方达成短暂的停火协议，以收拾清理战场上散落的物品。停火时间为7点30分至16点30分，随后又开始持续几个月的鏖战。英军指挥部策划在8月展开新的军事行动，即"八月攻势"。

其中第一波战斗便包括1915年8月7日的内克山谷战役。澳大利亚第3骑兵旅负责向名为"内克"的狭长谷地发起冲锋。土耳其人在这里挖掘了大量战壕，而英国人试图将这里当作重要的立足点。16点30分，在海岸驱逐舰炮火的支持下，战斗打响。

可惜，由于时间估算错误，炮击提前7分钟开始，奥斯曼军有充足时间躲避并再次返回阵地，坐等澳大利亚骑兵的到来。在一幅描述轻骑兵旅冲锋的历史画面中，奥斯曼军的炮火击倒了多名骑兵和步兵。在这场残酷的屠杀中，澳大利亚军没有任何进展，却造成300多名士兵丧命。澳大利亚人在内克遭到血洗，新西兰人在楚努克也自顾不暇，他们在萨里拜尔山脊苦战13天。

新西兰军在山坡上遭遇对手的顽强阻击，到达山顶后却发现敌军已经撤离。8月8日，惠灵顿营和奥克兰营被迫在山顶阻击奥斯曼人的推进。前来增援的英军用炮击和机枪的火力压制奥斯曼军，倔强的新西兰军松了一口气，但英军很快遭到奥斯曼军的大规模反击。

8月21日，对澳大利亚与新西兰士兵来说，60号山战役如同人间地狱。经历内克山谷战役与楚努克拜尔战役的挫败，澳新军团疲惫不堪，试图在这场战役中进行最后一搏。他们竭尽全力欲在奥斯曼军迷宫般的战壕里有所突破，但始终无法将奥斯曼军彻底驱离阵地。因为弹药明显不足，炮火支持有限，进攻很快偃旗息鼓。精疲力竭的澳新军团阵亡将士达2500人，奥斯曼人再次展示了自己的强大。

英军主力师团也在苦苦挣扎。苏伏拉湾是一处防御较弱的独立海湾，英军将其视作打破僵局、重创奥斯曼军的合适地点。63000名英军及其盟军拥入这一区域，但他们始终无法将苏伏拉湾与澳新军团湾连成一片，最终被击退。

苏伏拉湾战役成了压倒陆军元帅基齐纳勋爵的最后一根稻草，他到现场督战后，宣称撤离是解决这场鏖战的唯一办法。在撤离过程中，长期担任总司令的伊恩·汉密尔顿爵士被解职，查尔斯·门罗接任。

▲ 赫勒斯湾最后一队士兵撤离前的画面

撤离海湾

血腥惨烈的战斗旷日持久。1915年11月，英军指挥部选择撤离澳新军团湾

1915年8月29日，60号山战役失利后，指挥部认为撤离是英国当时的唯一选择。继续增援并结合海军炮击的策略被嗤之以鼻。11月13日，基齐纳勋爵视察澳新军团湾后，宣布立即撤退。澳新军团在加里波利的使命终结。

1. 准备撤离
撤离的传言在澳新军团风传，为保证军纪，指挥部宣称，部队将开赴希腊利姆诺斯岛休整。为准备这场虚假的行军，军需库清空了所有补给，但步兵们将信将疑。

撤离之夜

英军借着夜色的掩护悄悄撤离，他们还利用一种新的步枪战法助撤离一臂之力

丘吉尔确信加里波利战役的初衷很好，但在新的一年到来之际，他不得不选择放弃。1915年12月，协约国联军已伤亡约20万人，丘吉尔决定终止战争，撤离战场。澳新军团湾是第一个放弃的战场，36000名士兵在5个夜晚分批撤离，无一伤亡。第二个撤离区域是苏伏拉湾与赫勒斯湾，1916年1月9日最后一批士兵登上运输船，加里波利战役结束，142000名士兵安全撤离。

威廉·伯德伍德负责撤离行动，这场撤离无疑是整场战役的最大胜利。部队借夜色的掩护撤离，白天则一直保持进攻态势，以免引起敌军对撤退行动的警觉。

4. 逐步撤离

从 11 月 15 日开始，36000 名澳新军团士兵在 5 个晚上分批撤离，不需要的弹药就地填埋或毁掉。机枪手因装备沉重在最后一晚撤离。步枪兵撤离时，将步枪留在战壕里设置成滴灌式自动发射模式。

3. 拖延与不安

如果撤退尚未完成，剩余的士兵很少，奥斯曼军用不上一个星期便可突破防线。雪上加霜的是，12 月 7 日，奥斯曼人突然对海岸发动炮击，使撤离行动极其艰难。澳新军团士兵意识到自己落在后面，士气很低落。

2. "沉默"的花招

自 11 月下旬起，指挥部宣布禁止使用大炮射击或步枪狙击。指挥部认为，这可以诱使奥斯曼帝国误以为澳新军团在为冬季做准备而非撤军。无规律的步枪射击使敌人无法感知联军的兵力变化。

5. 全速撤离

运输船源源不断地到达，将士兵摆渡到安全区域。第一波撤离的是辅助部队与预备队。战斗队伍逐步撤离，尚未撤离的士兵继续战斗并骚扰奥斯曼防线。截至 12 月 19 日，仅剩 10000 名士兵尚未撤离。

6. 尾声

撤离行动由军官们共同筹划完成，他们清楚怎样撤离对士兵最适合。截至 12 月 20 日，澳新军团撤退完毕，无一伤亡。在加里波利战役中，10000 多名澳新军团士兵阵亡，总计撤离 105000 名士兵和 300 门野战炮，这对所有人来说都是极大的安慰与解脱。

撤退行动如此隐秘，直到英军离去很久后，奥斯曼军仍在炮轰空空如也的英军战壕。英军的成功撤离要部分归功于一种创新作战技巧——滴灌式自动射击模式。当部队匆匆撤向安全区时，士兵们利用铁丝与水罐的配合可以使步枪自动向奥斯曼军队射击。

第一触发机关
这套系统是澳大利亚枪骑兵威廉·斯库里下士发明的。上方水罐装满水，士兵在撤离时将其底部戳出一个小洞，水流便缓缓向下方水罐滴注。

沙袋辅助
滴灌步枪借助沙袋架在战壕顶部，瞄准奥斯曼阵地，当英军士兵撤退时，便可牵制奥斯曼士兵。

第二触发机关
下方水罐连着一根铁丝，铁丝牵动扳机，一旦水罐注水加重，扳机便会扣动。步枪断断续续自动射击，足以欺骗蒙在鼓里的奥斯曼士兵。

> 我们在夺取隆派恩阵地时，就像野兽一样疯狂，前面的战士倒下了，后面的继续冲上去，伤员很快堆积到三四层，我们踏着可怜的战友与土耳其人的身体冲锋，那痛苦的呻吟无比凄厉，令人毛骨悚然。
>
> ——列兵汤姆·比林斯

▲ 一队澳大利亚士兵勇敢地向奥斯曼战壕冲锋

成功大撤离

澳新军团已经在海湾战斗了数月，加里波利的冬天即将到来。尽管部队筋疲力尽，但撤离的决定仍要尽可能向他们保密。这些士兵跨越半个地球来参战，甚至很多人正罹患疾病，却尚未攻占任何一片土地，若决定撤离，士气一定会大大受挫。

撤退以赴利姆诺斯岛休整的名义进行，士兵们私下里议论纷纷，11月谜底揭开。但撤离不能太快，要小心翼翼地分阶段进行，以免奥斯曼人生疑。

撤退当天，澳新军团仍像以往一样保持攻势，夜幕降临，撤退便开始谨慎有序地进行。士兵小规模撤退时，其他士兵便断断续续地开火，制造部队仍在战斗的假象。整个撤退历时5天，掩护极为周密，多日后奥斯曼炮兵仍在向空荡荡的英军战壕开炮。

加里波利战役中，澳大利亚阵亡8709人，新西兰阵亡2701人，伤者更多，总量达20000人。战役遭遇彻底失利，如果不是来自地球另一端这些人的坚韧与勇敢，英军的结局可能更糟。在广阔的第一次世界大战时空中，加里波利战役并非决定性战役，但与那些将同盟国推向覆灭的重要东西线战役相比，同样意义重大。

澳新军团撤退后，继续在西线及其他战场作战，表现卓越。1915年的一幕幕将在澳大利亚人、新西兰人以及土耳其人的记忆中长存。

加里波利战役在未来总统穆斯塔法·凯末尔的领导下取得胜利，开启了土耳其的复兴之路，赋予了土耳其人新的身份认同，推动了土耳其独立战争的开展，加速了奥斯曼帝国的覆灭。对澳大利亚和新西兰来说，纪念加里波利战役牺牲者成为一年一度的传统，共同的经历将两个年轻的国家紧密联系在一起。

"他们凭借自己的英雄壮举赢得了硬汉的美誉"

关于澳新军团的战斗事迹,我们采访了新西兰惠灵顿的梅西大学名誉研究员达米安·芬顿博士

澳新军团在加里波利战役中发挥的作用如何?

30000名强悍的澳新军团士兵发挥的首要作用是在加巴特佩附近成功登陆,通过向内陆方向推进,占领萨里拜尔山脊,切断了奥斯曼军指挥部与赫勒斯守军的通信联系,从而为英军在赫勒斯登陆提供了有力支持。尽管澳新军团登陆地点存在误差,但他们守住了约6千米的滩头阵地,使英法联军可以在赫勒斯放手一搏。

7月末,英国地中海远征军将注意力投向澳新军团所处的海湾,那里成为萨里拜尔攻势的主攻地点。在这场注定失败的战役中,澳新军团发挥了主要作用,损失惨重。8月6日至10日,澳新军团的伤亡达12000人。8月末,澳新军团再次投入激战,巩固澳新军团驻地与苏伏拉的联系,随后澳新军团与奥斯曼军进入堑壕战的僵持状态,他们每天尽力保卫阵地,直到12月最终撤军。

澳新军团在作战中使用了哪些武器、技术和作战方法?

1915年,由自愿参战的平民组成的澳新军团投入加里波利战役。澳新军团纪律严明,建制完备,按照战前英军的规程训练、配置装备,他们只在制服和部分装备上保有地方特色,略有差别。澳新军团以步枪旅为主,另外,两支远征部队中都占比较高的骑兵团,即澳大利亚轻骑兵与新西兰枪骑兵。

4月25日的登陆行动由步兵完成,5月12日骑兵前来增援,但并未骑马。澳新两个海外自治领的步兵与骑兵拥有坚忍不拔、能征惯战的美誉,很快便适应了堑壕战作战模式。他们的野战炮部队配备的是先进的18磅(8千克)火炮以及4.5英寸(12厘米)的榴弹炮。令战士们意外的是,他们的装备甚至比参与加里波利战役的英国本土士兵及新陆军炮兵队更胜一筹。

澳大利亚军与新西兰军有何不同?

局外人通常很难将两个自治领的士兵区别开来,这给新西兰人造成很大困扰,他们往往会被误认为澳大利亚人。1914年至1915年,著名的"澳洲"懒汉帽实际上也是大多数新西兰步兵与骑兵的标准装备。后来情况发生变化,新西兰远征军选用了"柠檬榨汁机"式军帽,刻意将自己与澳大利亚帝国军区别开。行为举止方面,人们觉得新西兰人往往没有澳大利亚人那么张扬,他们更愿意抓俘虏,单就战斗力而言,两者不分伯仲。

澳新军团的遗产

澳新军团在加里波利战役中不屈不挠的英雄主义精神一直传承至今

为纪念澳大利亚士兵与新西兰士兵杰出的战斗精神,1916年人们第一次举行澳新军团纪念日庆祝活动,后来一直延续到今天,两国都是举国欢庆、举办游行、庆典等活动。庆祝活动从4月25日黎明开始,那一天是澳新军团首次登陆加里波利半岛的日子。人们一般要佩戴加里波利战场常见的迷迭香花枝,还制作澳新军团饼干以纪念家人寄给前线士兵的口粮。1990年是最令人难忘的一年,老兵们重返战场纪念参战75周年。

▲ 沃尔特·阿米杰·鲍林的画作描绘了澳新军团回到故乡时的场景

毒气之恶
德军在伊普尔施放的氯气密度比空气大,可以迅速淹没英军战壕。毒气造成的伤亡率很高,很多士兵离世前痛苦万状。

优势未转成胜势
德军给英法联军造成了巨大伤亡,但其优势却未能充分发挥,因此并未取得预想的进展。

战争之殇
交战双方在第二次伊普尔战役中伤亡率很高,主要源于毒气。英法联军损失 70000 多人,德军损失人数相当于前者的一半,约 35000 人。

坚守战线
尽管德军的攻势摧枯拉朽,英法联军失去了一些战略制高点,但他们仍拼死守住主要阵地,避免了溃败。

第二次伊普尔之战

时间：1915年4月21日至5月25日

地点：比利时伊普尔

当我们回顾第一次世界大战中破坏力巨大的堑壕战时，伊普尔往往首先浮现在我们的脑海中。1914年第一次伊普尔战役伤亡惨重，其历史印记难以磨灭；第二次伊普尔战役同样惊心动魄，并有特殊的历史意义，即毒气第一次在西线战场投入使用。

第二次伊普尔战役包括6场小规模战役，第一场战役是格莱万斯塔费尔战役，毒气第一次出现在该战役打响的时刻。法国海外兵团阿尔及利亚-摩洛哥部队完成第一波榴弹炮攻击之后，德军施放了5700多罐氯气，毒气随风飘向英法联军阵地。

毒气的可怕攻击效果立竿见影，10000名士兵中约6000人在短短几分钟内死亡。氯气遇水变成强酸，立即灼伤眼睛和肺部。幸免的法军士兵四散奔逃，留下7千米宽的空地，德军长驱直入。

然而，德军也反受其害，很多从俄国前线调到西线的德军预备队士兵并未预见到毒气的巨大威力。他们被联军的陷阱和阵地上残留的毒气弄得疲惫不堪，推进速度缓慢。德军的迟钝给予了联军充足的反击时间，联军成功将德军击退，且无一伤亡。

德军注意到毒气作为武器的恐怖效果，在4月24日的圣朱利安战役中再度施放。联军再度损失惨重，加拿大部队被迫后撤，但仍然努力坚持。他们发现，用尿液浸湿的布片遮住口鼻可以抵消毒气的效果。5月3日，英军增援部队抵达，当时联军已有1000名士兵阵亡。

联军向后撤退，靠近伊普尔镇，他们认识到只有发动大规模攻势才能击退德军，但当时兵力不足。5月8日，战斗再次打响。德军攻占弗雷岑贝格山脊后，不断向联军发动猛攻，但联军竭力死守。

5月24日，德军进一步攻向贝勒瓦德，并再次施放毒气，迫使联军撤出阵地，向后撤退约1千米。但德军因兵力与补给不足无法继续推进，转而向伊普尔发动炮击。战役结束后，伊普尔镇已化为一片废墟。

死亡数字触目惊心，令人不忍卒读。联军总计伤亡约70000人，德军为35000人。此外，毒气作为武器的惨烈恐怖效果已经显露无遗。尽管毒气的使用饱受谴责，但英国人也采用了这一作战方式，在1915年年底的洛奥战役中施放了毒气。第二次伊普尔战役血腥残酷，其恐怖影响挥之不去。

英法联军

部队数量：8个师

伤亡数量：70000人

指挥官：
爵士霍勒斯·史密斯－多伦将军

5月6日，霍勒斯·史密斯－多伦被解职，法国将军赫贝尔·普鲁默接任。
优势：思路明晰，决策务实。
弱点：与指挥部军官关系不佳，终被解职。

基本构成：
联军士兵

联军部队由英军、法军、加拿大军、非洲部队及来自其他英联邦国家的士兵组成。
优势：英国远征军训练有素。
弱点：阵地脆弱，无法防御毒气。

主要武器：
榴弹炮

优势：长距离攻击，杀伤力大。
弱点：处于战术劣势地位，效能削弱。

01 失败的毒气攻击

德军大约随身携带了5730罐毒气，每罐41千克。毒气开罐和释放均需手动，还需依靠风力吹向敌方阵地。这种操作方式很不保险，大量德军士兵在施放毒气的过程中负伤，甚至丧命。德军前三次施放毒气均以失败告终。

02 成功的毒气攻击

联军并非总是那么幸运。4月22日17点左右，德军施放毒气成功，一片氯气云袭击了大量士兵，阿尔及利亚士兵和法国士兵遭受重创。毒气迅速造成约6000人伤亡，其余大部分士兵放弃阵地，四散奔逃，以避开毒气。

03 德军的推进

17点15分左右，德军向联军士兵撤退后留下的空地推进。德军向法国领土推进了约4千米，占领皮尔肯村的皮尔肯山脊，完成了第一期作战目标。

04 德军建立桥头堡

大量德军预备队士兵被派往俄国前线作战，但德军充分整合现有资源，利用第45、第46预备师在艾泽尔运河沿线的施丁斯特拉特与海特萨斯设立了桥头堡。他们在前线打开了一个缺口，伊普尔暴露出来。

05 加拿大部队反攻

尽管加拿大第1师第13营暴露在危险之中，他们仍与幸存的法军士兵联合起来，在圣朱利安与珀卡佩之间的公路上向德军发起反攻。他们成功阻止了德军第51预备师的推进，切断了其对主力攻击部队的支援。

10 德军炮击伊普尔镇
德军炮轰伊普尔镇，试图增加联军增援的难度。炮击过后，伊普尔镇损毁严重。

09 德军停止推进
4月23日20点30分左右，德军停止攻击，一方面是因为他们已达成第一阶段的主要作战目标，即夺取战略制高点皮尔肯山脊；另一方面是因为他们缺乏连续攻击的足够兵力，尽管他们已经给联军造成了巨大伤亡。

08 加拿大军再度出击
法军攻击失败后，加拿大第3步兵旅计划在23点30分再发起一轮攻击。后来计划推迟，4月23日凌晨战斗打响。

06 夺取朗厄马克
法军士兵占据朗厄马克村躲避毒气，但德军很快将他们击溃，攻占了这一区域。

07 法军反攻受阻
约20点，法军第7佐阿夫营6个连队穿越艾泽尔运河，从博厄辛格向皮尔肯方向发起反攻。他们最终与德军短兵相接，激战数小时，但毫无进展。

德军

部队数量：7个师

伤亡数量：35000人

指挥官：
符腾堡大公阿尔布雷希特
德国符腾堡家族领袖是第一次世界大战中优秀的德国将领。
优势： 在第一次世界大战早期取得过阿登战役的胜利。
弱点： 过于谨慎，影响推进。

基本构成：
德军士兵
德军士兵胸有成竹，持有可以改变战局的致命新武器。
优势： 拥有居高临下的战略优势。
弱点： 兵力不足，难以完成作战目标，无法赢得战役的最终胜利。

主要武器：
氯气
在拖沓的第二次伊普尔战役中，氯气第一次在大规模进攻中使用。
优势： 杀伤力巨大，难以防御。
弱点： 难以控制，一旦风向变化，将伤及友军。

凡尔登战役的起因

时间：1916年
地点：法国北部凡尔登

1916年2月21日至12月18日，法国与德国陷入了有史以来持续时间最长的陆地战役。凡尔登战役并非妇孺皆知，但有着特殊的历史地位。凡尔登战役与后来的斯大林格勒战役不同，法军并没有给德军造成更大的伤亡，也不是战争的重要转折点。即使法军可以宣称获胜，也只是精神上的胜利，交战双方遭受的损失几乎不相上下。

凡尔登战役有别于斯大林格勒战役，并非辉煌的全面胜利，也不同于英国人深深铭记的索姆河战役，它没有那么惊心动魄。也许有人认为上述评价有失公允，但就战争规模而言，尽管索姆河战役的持续时间只有凡尔登战役的一半，其战线长度和伤亡人数却是凡尔登战役的两倍。1916年7月1日，索姆河战役拉开帷幕，56000多名英军战死沙场，那是英军历史上最悲惨的日子。相比之下，法军在同一场战役中只损失了1560人，而法军投入战斗的士兵数量几乎相当于英军数量的一半。

凡尔登战役使法军遭受的损失并未像索姆河战役使英军遭受的损失那么惊人，两者的历史地位自然不同。在索姆河战役中，法军进行了两次突围，即7月的弗洛考特高地突围战与9月的布沙韦讷突围战。装甲战诞生于索姆河战役，1916年9月15日英军第一次揭开坦克的面纱，坦克缓

▲ 用来纪念1916年凡尔登战役的凡尔登十字勋章

▲ 1916年6月，德军士兵正在攻击沃克斯要塞，内有法军士兵防守

战场地貌

要确定战略至少要先将地形研究清楚。地形经常被人忽略，但在战役谋划与展开的过程中往往影响巨大。海上强国与海岛国家的战略思维与大陆国家的战略思维差别很大。几百年来，海上贸易路线几乎没有变化，即使今天人们仍在按图索骥。现代加勒比毒贩的过境路线与两个世纪前加勒比海盗使用的过境路线相同。几百年前西班牙用来掩盖野蛮的黄金掠夺行动的海滩、海湾和通道，至今仍为唯利是图的走私活动提供着安全保障。就如同那些隐秘的海上航线一样，凡尔登地区的历史也是如此。凡尔登地区的军事要塞始建于2000年前，罗马人将其作为抵御日耳曼人从东面入侵的重要防御点。到了16世纪，勃艮第伟大的要塞进攻与防御大师塞巴斯蒂安·勒·普雷斯特·德·沃邦在此建设了宏伟的堡垒，仍是为了防御日耳曼人对法国的入侵。这些历史遗迹

缓穿过弗莱尔-库尔塞莱特战线的无人区，可惜并无斩获，但是这么壮观的场面在凡尔登前线实属罕见。我们可以谈一谈重夺杜奥蒙与沃克斯的战役，但众所周知，这些胜利与其所受的政治关注并不相称，甚至有些言过其实。

尽管凡尔登战役的规模、范围和战略意义都不大，但仍不失为第一次世界大战的重要组成部分。凡尔登战役分为两个阶段，我们将侧重第一阶段，论述战役在第一次世界大战中的价值。

▲ 沃克斯要塞内的一个固定炮位。地面若无硬化水泥，炮位便无法使用

直到1916年仍在发挥作用，法国人将其用作储存军需物资以及进行人员隐蔽的地下工事。历史轮回，1916年2月21日，德军向该地发起了攻击。

"现代"凡尔登要塞脱胎于1870年至1871年的普法战争。这场战争使法国失去了阿尔萨斯与洛林，也失去了天然的防御屏障，它是法国的历史耻辱。法国与新兴德意志帝国的战争中将面临着同样的尴尬境遇，他们别无选择，只有用石块和迫击炮筑起新的防御堡垒。凡尔登要塞是新堡垒环形防线的一部分。战役前夜，凡尔登要塞竟然对德军的猛攻毫无防备。这里糟糕的防御状态，一方面体现了法军对新式武器的不知所措，另一方面则应归咎于法军统帅部做出的糟糕决策。

▲ 法军总司令约瑟夫·霞飞

霞飞将军不仅需要从凡尔登调集重炮，还需要大量机枪、迫击炮、手榴弹和其他重要武器。

▲ 凡尔登战役期间，德军士兵向前线进军

法军疏于防范

近4个世纪以来,面对外敌入侵,星型堡垒一直拥有坚不可摧的防御能力,但1914年德军迅速攻占列日与纳穆尔两座要塞,星型堡垒的神话戛然而止。牢不可破的现代堡垒被克虏伯以及斯柯达生产的榴弹炮和重型迫击炮干脆利落地击毁。突出的堡垒成了重炮随意打击的目标,置身其中的防御者也难逃厄运。

原有的防御工事失灵,步兵要想在现代炮火的屠戮中觅得一丝生存之机,只得依靠旷野工事(战壕)。法军也认识到这一点,开始在凡尔登、图勒及贝尔福等地区的堡垒周边挖掘战壕,西线战场进入堑壕战状态。这样一来,堡垒内外似乎比以往更加坚固。然而,法军在总司令约瑟夫·霞飞将军的率领下采取的一项策略是撤掉堡垒区域的大部分防御武器。

1914年至1915年,法军承受着巨大压力,他们必须用尽一切力量击退德军,并将其赶出法国。这意味着法国别无选择,只有不断进攻。法军面临唯一的问题是严重缺乏重型火炮,他们只有308门重型火炮,其中仅有近100门是真正的现代化速射榴弹炮,即里迈洛155毫米口径短程速射榴弹炮。

但是,法军还有约11000门19世纪七八十年代的老式火炮堆在仓库与堡垒中。士兵们将这些老家伙从沉睡中唤醒,推上战场,发动了一系列攻势,尽管攻势最终失败,但至少还是抵挡了一阵子。1915年9月25日至11月6日发起的第二次香槟战役是其中规模最大的一场攻势,但对凡尔登的影响极大。1915年8月,凡尔登要塞失去了20门重炮,这些重炮被调往北方,为香槟地区的大型攻势做准备。

随着战斗时间临近,霞飞将军不仅需要从凡尔登调集重炮,还需要大量机枪、迫击炮、手榴弹和其他重要武器。第二次香槟战役打响之前,所有步兵师被调离凡尔登要塞,向北行军,此时的凡尔登要塞极度虚弱,毫无防备。对此,军中无人知情或者说无人在意,只有凡尔登要塞的军官埃米尔·德里昂上校心急如焚。

德里昂上校是第一次世界大战时最有趣的军人之一。他毕业于圣西尔军校,后来成为一位知名作家,他用毫无新意的笔名"丹利上尉"发表作品,主要探讨未来战争将如何进行。他年轻时娶欧内斯特·布朗热将军的女儿为妻,伟大的布朗热将军是激进的民族主义政治家、军人,曾几乎将法国推入一场宪法危机。

自1910年起,德里昂担任南锡市众议院议员,南锡在1871年法国割让阿尔萨斯与洛林之后成为法国与德国交界的边境城市。这激发了他对"未来战争"、民族主义和战争防御的联想,他渴望对阵德国。因此,德里昂被特意派驻凡尔登要塞指挥部队。1915年,他强烈反对霞飞将军将大炮从凡尔登移走,甚至不惜向政府同僚求助以增加自己诉求的分量。1915年12月15日,他给作战部长约瑟夫·加列尼写信,陈述凡尔登地区的窘境,但加列尼部长无能为力。

德里昂的努力徒劳无功,对镇守凡尔登的将士来说很不幸。截至1915年10月,凡尔登要塞只剩3个师和34个海外士兵营。凡尔登借调出去参加第二次香槟战役的3个师(第3师、第4师、第53师)终于返回驻地,但已经筋疲力尽。每个师都遭遇了严重伤亡,在最理想的情况下也需几个月调整才能恢复战斗力。更糟糕的是,这里没有形成完备的堑壕战线,大部分区域实际上是一些独立堑壕工事与各种堡垒的组合,彼此间缺乏有效联系。一般来说,第一道战壕后面应该有同样牢固的第二道战壕,可是这里没有。这便是法国遭遇德国人攻击前的实际状态。

1916年1月,一名德国逃兵在丹麦被俘获,

凡尔登战役序曲

这里的山川大地很快将变成人间地狱

凡尔登要塞防御工事区域向外延展形成一个凸角，战役首先在此展开。法军在这一区域士兵驻防密度很小，为拱卫凡尔登要塞的19座堡垒提供了一个缓冲区。马斯河流经战场中部，反而使他们岌岌可危的阵地更加脆弱。如果法军在战线不同位置同时遭到攻击，堑壕内部的联通优势便无法发挥。因此，德国将在马斯河右岸布拉班特堡垒和奥恩斯堡垒之间发动第一次攻势。

凡尔登战役
1916年2月21日—1916年12月16日
堡垒　　炮台
0　1km　　　5km

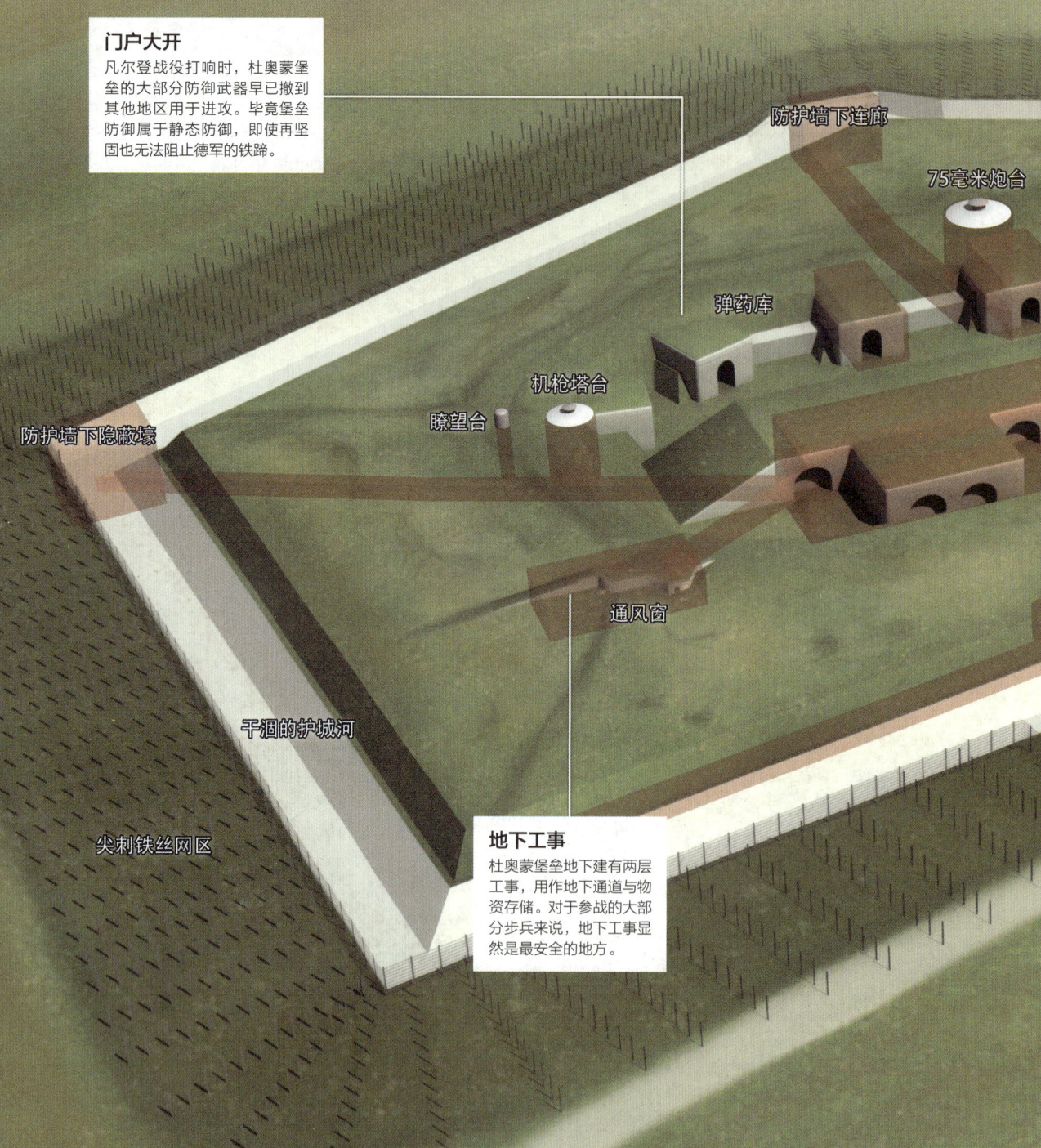

杜奥蒙堡垒

让我们走进凡尔登战役的防御重心：古老而坚固的杜奥蒙堡垒

杜奥蒙堡垒始建于19世纪80年代，是普法战争耻辱之败后法国建造的防御体系的一部分。这座堡垒自诩拥有充足的地下存储设施和大量提升固定炮位攻击能力的旋转炮塔。其设计规划吸取了数百年来防御工事建设的教训，实现了大炮和固定位机枪火力范围的交叠。

门户大开
凡尔登战役打响时，杜奥蒙堡垒的大部分防御武器早已撤到其他地区用于进攻。毕竟堡垒防御属于静态防御，即使再坚固也无法阻止德军的铁蹄。

地下工事
杜奥蒙堡垒地下建有两层工事，用作地下通道与物资存储。对于参战的大部分步兵来说，地下工事显然是最安全的地方。

- 防护墙下连廊
- 75毫米炮台
- 弹药库
- 机枪塔台
- 瞭望台
- 防护墙下隐蔽壕
- 通风窗
- 干涸的护城河
- 尖刺铁丝网区

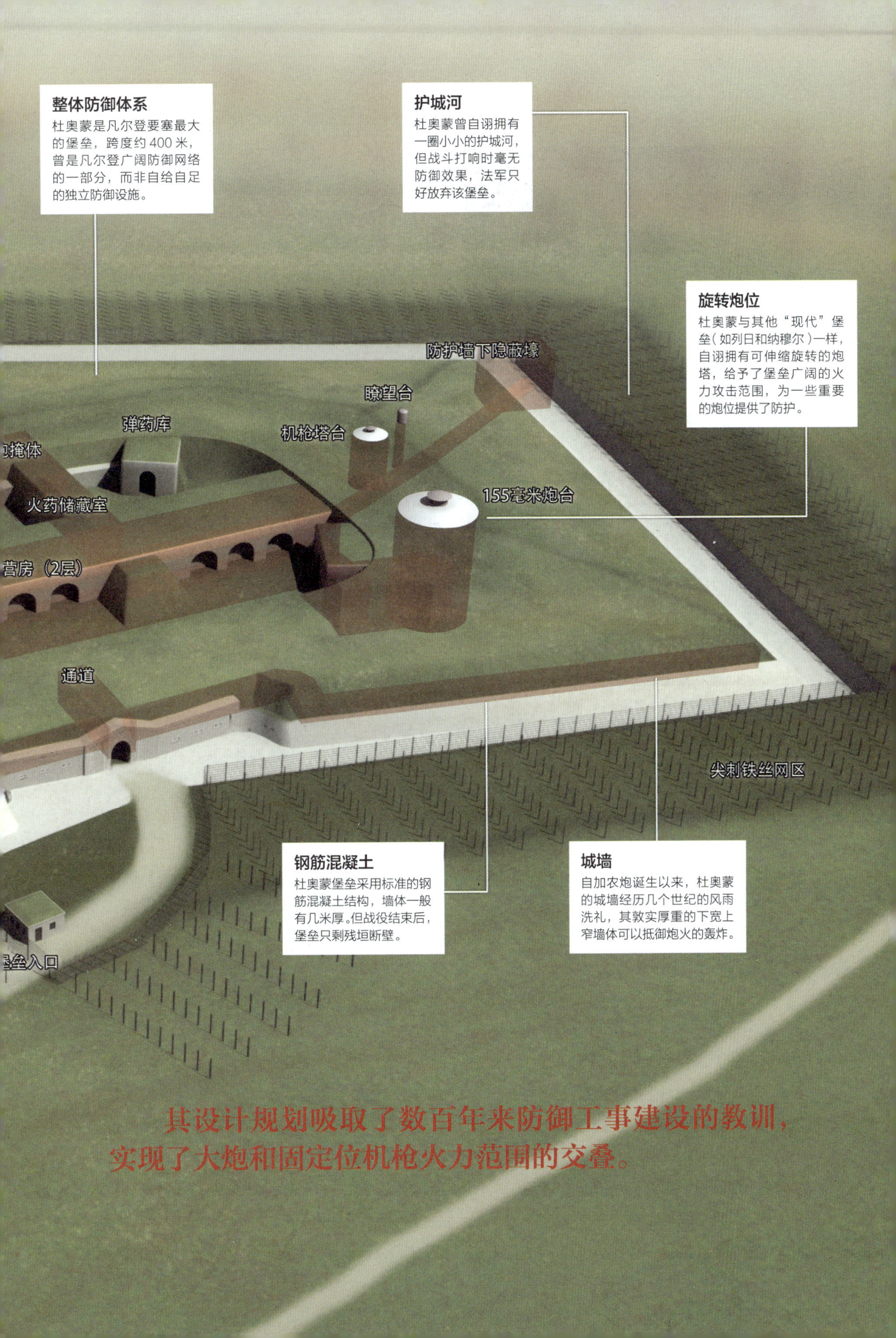

整体防御体系
杜奥蒙是凡尔登要塞最大的堡垒，跨度约400米，曾是凡尔登广阔防御网络的一部分，而非自给自足的独立防御设施。

护城河
杜奥蒙曾自诩拥有一圈小小的护城河，但战斗打响时毫无防御效果，法军只好放弃该堡垒。

旋转炮位
杜奥蒙与其他"现代"堡垒（如列日和纳穆尔）一样，自诩拥有可伸缩旋转的炮塔，给予了堡垒广阔的火力攻击范围，为一些重要的炮位提供了防护。

防护墙下隐蔽壕

瞭望台

弹药库

机枪塔台

掩体

火药储藏室

155毫米炮台

营房（2层）

通道

尖刺铁丝网区

钢筋混凝土
杜奥蒙堡垒采用标准的钢筋混凝土结构，墙体一般有几米厚。但战役结束后，堡垒只剩残垣断壁。

城墙
自加农炮诞生以来，杜奥蒙的城墙经历几个世纪的风雨洗礼，其敦实厚重的下宽上窄墙体可以抵御炮火的轰炸。

堡垒入口

其设计规划吸取了数百年来防御工事建设的教训，实现了大炮和固定位机枪火力范围的交叠。

▲ 德军总参谋长埃里希·冯·法金汉

他告诉法国情报部门凡尔登即将遭受攻击，德国的进攻意图浮出水面。同时，德里昂所属的第56精锐轻步兵营注意到敌军兵力在增加、实力不断增强。1月16日，凡尔登要塞指挥官弗雷德里克-乔治·赫尔将军向霞飞将军表达了自己的担忧，第51师原计划调往法国其他战区，霞飞将军收回成命，赫尔将军收回第51师。

几天后，霞飞将军派中央集团军司令爱德华·德·卡斯泰尔诺将军前往凡尔登视察。1月末，凡尔登要塞接受中央集团军统一指挥，后勤压力减轻，可以大张旗鼓地调运储备物资。同时，霞飞将军批准将火炮分批运回凡尔登。截至1月底，共运回10批重炮，其中2批是法军的顶级火炮155毫米口径短程速射榴弹炮。

尽管法军已经竭尽全力，但仍然与德军的160门重炮与超重炮相去甚远，况且德军还有1200门常规火炮和250万枚炮弹。屋漏偏逢连夜雨，法军的防御阵地依然羸弱不堪，无法抵御德军猛攻。凡尔登要塞只有11个师，而德军有17个师，总计30万兵力，大部分是来自埃瓦尔德·冯·洛霍将军第3军的精锐之师。大战的危机迫在眉睫，法军拼命做着一切准备，但他们将痛苦地发现，凡尔登防御仍不堪一击。

德军的攻击计划

德军与法军的手忙脚乱形成鲜明对比，他们已万事俱备，信心满满，只待一战成功。力主这场战役的是埃里希·冯·法金汉将军，1914年末至1916年8月，他担任德军总参谋长。法金汉天性悲观，沉默寡言。他接替神经衰弱的小赫尔穆特·冯·毛奇后，发现德军正处于战略困局之中。尽管大战之初德军装备精良，战绩极佳，但很快陷入双线作战的泥潭，面对人力与资本更为雄厚的对手，苦苦挣扎。倘若无法迅速将某一协约国列强逐出战局，德国断无获胜之机。

德军中很多人认为，俄军似乎是理想的攻击对象。毕竟，俄军1915年的战绩惨不忍睹。在5月的戈里斯-塔诺夫战役中，德军重炮数量优势巨大，与俄军重炮数量比为100∶4，俄军节节败退，史称"大撤退"。这一年，俄军几乎丧失了所有东欧领土，伤亡惨重，德军攻入俄国本土。同时，西线战场的英法联军也未能对德军在法国的阵地形成威胁。德军最高统帅部中很多人认为，西线应暂时采取谨慎的防守策略，继续推进东线的进攻。

但是，法金汉将军却持不同的观点。俄国幅员辽阔，从理论上讲，可以承受更大的兵力、物资和领土的损失，一定不会轻易被逐出战局。况且，德军劳师远征，越深入俄国领土，后勤补给线便会拖得越长。这样一来,不仅会增加东线的作战成本——在"全面"工业化战争中,每一份资源都很宝贵,这一点经常为人所忽视,而且还会使德国军队陷入进退两难的僵局。

1915年年底,德军虽然向俄国大举推进了200多千米,仍将预备队快速调往西线以防万一。因此,德军越往俄国纵深推进,局势越发艰难。

这样的窘境迫使德军必须做出取舍,要么在西线保持比实际需求更多的兵力,要么承受英法联军突破西线的风险。选择前者,东线的德军士兵便会饥寒交迫;选择后者,德军将面临灾难性撤退,还需重新建立防线。然而,两个选项均不尽如人意。

法金汉权衡利弊,觉得攻击西线的前景更广阔。他很清楚,1914年下半年到1915年法军发动了一系列攻势(阿图瓦地区3次,香槟地区两次,还有几次向南的小型攻势),已经伤亡惨重。1914年8月至1916年2月,法军阵亡约65万名士兵,相当于英国(不含自治领土)在整个第一次世界大战期间损失的人数,大大超过了英国或者美国1939年至1945年死于战争的人数。尽管法金汉当时并未掌握法军与英军当时的伤亡的准确数字,但他判断,这样的死亡率一定让法国难以为继。

由于堑壕网络日趋复杂,进攻的难度越来

▼ "他们过不来"是凡尔登要塞守军的口头禅。图为法军预备队在渡河

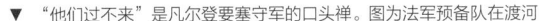

▲ 被德军控制的法军长管炮

越大，德军似乎不太可能占领巴黎或将英军赶回本土。即使德国侥幸做到，也一定会付出巨大的伤亡代价，从而降低德军在持久战中战胜俄国的几率。法金汉需要一种可致敌重大伤亡而使本方自保的作战方略。他计划先攻击法军某一战略要点，然后进入战术防御，以逸待劳，遏制法军的反攻。如此一来，便可"流尽法国人的热血"，迫使其政府低头求和。这便是凡尔登战役的如意算盘。

凡尔登的重要性

凡尔登除了仍具争议的模糊历史意义，至少还为德军的进攻提供了重要的战术优势。凡尔登要塞的战线向外突出，这意味着德军可以同时从三个方向发动进攻。而且，1916年年初法军阵地背靠河岸，即使能够撤退，也将非常困难。战场的德军一侧树木茂密，将有助于德军进攻前隐蔽集结的部队。此外，凡尔登附近铁路网发达，14条铁路线中的11条铁路线实际上是德国人建造的，大大有利于德军集结部队。相比之下，法国只有两条合适的铁路线连通凡尔登。这样一来，德国便可以更轻松地保证进攻，只要德军后勤运输保持足够的强度，便会使法国后勤铁路疲于奔命。

德军情报部门了解到，凡尔登要塞周边堡垒的大部分大炮已经撤走，这一区域的防守能力比以往弱许多。同时，这里的战事较少，比较平静，法军较为麻痹大意，对安全现状产生了错

▲ 凡尔登城坐落在马斯河岸边，在法国历史上具有重要的战略意义

觉,没有像西线其他地区那样建立完备的堑壕网络,其备战状态也松松垮垮。

法金汉的攻击计划或许具有明显的战略战术优势,但要将自己的想法清晰地传达给实际执行计划的下属,对他来说则有些勉为其难。法金汉将自己的消耗战略和盘托出,却没有将自己的终极目标告知部下,这对士气的打击极大。如果知道指挥官让他们与对手比拼兵力消耗,有多少士兵会兴高采烈地投入战斗呢?必须有一个实实在在的攻击目标才行得通,比如凡尔登城。

法金汉全力避免发生类似法国式的全面攻击,但攻击计划的实施却很快背离了他的初衷。即使那些掌握法金汉远景目标的指挥官也没能领会他所期待的攻击方式,部队往往推进的纵深过大,想要控制的领土过多。

领导人的孤僻性格与神秘兮兮的行事方式或许导致了沟通不畅,造成了很多误解。即将发动的战役代码为"格里希特"(德语:Gericht,意为审判),关于战役的每一次讨论,法金汉都坚持亲自跟进。为避免泄密,每次讨论都不能留下任何文字记录。西线的任何一支部队,甚至包括备战凡尔登地区的第5集团军,都没有得到关于法金汉战略目标的明确指令。他的凡尔登攻击计划几乎没有任何文件佐证,对后人来说极为模糊。我们必须把散落的细碎资料拼凑起来,才能描绘出他所追求的目标以及他对战役的总体构想。

或许更糟的是,指挥第5集团军的不是别人,正是德皇的儿子威廉皇储。威廉皇储率军出征不仅可以为德国赢得一场重大的政治胜利,对德意志霍亨索伦世袭王朝而言,更是无比荣耀。然而,威廉皇储毕竟不是职业军人,某些局面必须由专业军事顾问掌控。这样当然有利于做出合理的军事判断,但是当皇储有不同意见时也可能横加干预。

▶ 战争前皇储落了个"花花公子"的评名,令皇室蒙羞

威廉皇储

德皇威廉二世的儿子,凡尔登战役期间德军名义上的总司令

日耳曼末代皇帝的儿子威廉皇储按照皇室的传统,承担在战场上统领军队的职责。但在当时,皇储并非唯一一出生便拥有军权的德军指挥官。很多德军高级将领都出身贵族,其中一些颇具雄才大略,最负盛名的当数巴伐利亚王储鲁普雷希特。

据记载,威廉皇储极为反对战争,甚至极为厌恶战争。这也许是为对比皇储与其酷爱军事的父亲而做的夸张之辞。尽管皇储对战争有明显的反感,但对于凡尔登战役的某些方面,他还是赞同法金汉的,如战前必须保密以及进攻要出其不意等。战役开始后,皇储的表现好于批评者的预期,但1916年11月他遭到排挤,被迫放弃第5集团军的指挥权。1916年最后几个月,交战双方的指挥官皆遭撤换,但对皇储似乎有失公允。

▲ 法军穿过凡尔登城的废墟。昏暗破败的景象在历史中定格，时空回荡，恍如今日叙利亚的霍姆斯

尽管攻击计划存在诸多问题，但第5集团军为即将到来的战斗还是做了充足的准备。其情报部门发布通告称，他们将在2月攻击法军。但愿这份通告可以落入法军之手，这样便可蒙蔽法军，使第5集团军在1月顺利做好备战，2月转入堑壕战状态。

第5集团军还提升了空中侦察能力，更为有力地保证了制空权。此外，他们还需挖掘大量战壕、地下工事作为战斗发起点。大部分挖掘工作均在夜间进行，以隐蔽德军即将发起的攻击。此时此地，1月与2月的漫漫长夜是最善解人意的盟友。

攻击日期越来越近，一些新的军团在凡尔登地区集结，与前线保持距离，远离法军的视野。为避免法军注意到德军的新动向，他们只在战斗爆发前的那一刻才冲上前线。再加上一场突如其来的暴风雪，更有效地掩护了德军的攻击行动。1916年2月21日，战斗打响，法军措手不及。

如果知道指挥官让他们与对手比拼兵力消耗，有多少士兵会兴高采烈地投入战斗呢？

▼ 法军士兵安上刺刀,跃出战壕,发起冲锋

凡尔登战役

时间：1916年

地点：法国北部城市凡尔登

德军在法军阵地经过近5个月的鏖战，连战连捷，一步步接近马斯河岸的凡尔登要塞。最终掌控凡尔登，只剩最后一道障碍——苏维尔堡垒。然而，1916年7月12日，古老的法国要塞凡尔登的命运终于掌握在法国人手中。

苏维尔堡垒矗立在凡尔登要塞前最后一片突出的高地上。若德军控制这里，便可以轻而易举地使位于海拔344米山顶的破败的圣米歇尔堡垒失去防御作用，还可以直接攻击凡尔登。7月10日12点，德军着手炮击的准备工作，他们将在25平方千米的区域砸下33万枚炮弹。法国将发射近20万枚炮弹进行还击。20个小时的战斗交战双方总计发射50多万枚炮弹。在这喧嚣的炮火中，德军发起了"绿十字"行动，向法军阵地发射了63000多枚充满碳酰氯气体（也称"光气"）的毒气弹。

▲ 战场上散落的尚未掩埋的士兵骨骸

▲ 法军士兵躲在狭窄的战壕里自保

马克·博阿松中士描述这次毒气攻击时说:"毒气来袭的景象光怪陆离。渐渐地,村庄消失了,山谷里弥漫着一团灰色的烟雾,周围云气升腾,这股有毒的流体使一切变得阴暗沉郁。毒气的味道像肥皂,尽管距离很远,但仍慢慢地飘来。云雾下方仍不时传来隆隆的、闷闷的爆炸声,就像低沉的鼓声。"

肆虐的炮火你来我往,震耳欲聋,步兵战斗还未开始,双方的伤亡已十分惨重。德军负责攻击苏维尔堡垒的精锐部队巴伐利亚阿尔卑斯军团遭受重创,下属的第140步兵团损失尤为严重,该团第2营的军官全部阵亡。巴伐利亚卫队8门战壕迫击炮中损毁7门,向山顶冲锋前已有37死83伤。兵团其他部队因伤亡惨重,拒绝向前推进。

阿尔卑斯军团继续战斗的士兵必须穿过浓密的毒气,顶住法军猛烈的炮火。尽管损失惨重,他们仍推进到距苏维尔堡垒500米的范围内。

▼ 一名德军士兵占领了沃克斯堡垒附近的一处阵地,旁边可能是一具法军尸体

对面的法军混乱不堪,疯狂地发动反攻,试图遏制德军的攻势。绰号"屠夫"的夏尔·芒然将军命令第114e步兵团发动夜袭,但一无所获。法军在夜里晕头转向,攻错了方向,伤亡惨重,这样的战斗毫无获胜的希望。7月12日早上,德军不顾损失惨重,继续向苏维尔堡垒进攻。9点刚过,凡尔登命悬一线,一切将取决于通往苏维尔堡垒的山坡上的争夺。

德军第140步兵团的一小队士兵在战斗中发现,他们没有了指挥官,正陷于猛烈炮火的包围之中,无法回撤与大队伍会合,只好选择向前推进。

贝当的崛起

贝当体恤下属,严于律己,拯救凡尔登于危难之间。后来成为法国元帅、总司令,却在第二次世界大战中与纳粹合作

菲利普·贝当的履历很复杂,在历史记忆中的位置颇为尴尬。他既是凡尔登战役的救世主,也是与德国纳粹沆瀣一气的法国维希政府总统。他的历史地位一定程度上源于他在第一次世界大战中赢得的声誉。

第一次世界大战中,贝当以行事谨慎而闻名,他总是将保全士兵生命置于战略考量之上,因而在军中享有很高的声望。因此,1917年法军兵变期间,贝当自然而然接替尼韦勒成为法军总司令。在凡尔登战役期间,他坚持自己的一贯作风,科学谋划,谨慎出战。贝当十分关注战术细节,尤为重视炮兵的部署。他彻底改造了法军的炮击防御体系,瓦解了德军的攻击。贝当还在战役期间重建了法军的后勤补给系统。而且,长期以来,他一直主张充分利用空军的侦察能力。

▼ 贝当元帅雷厉风行,言语犀利,热情似火。他体恤士兵,善于激发士兵的战斗激情

凡尔登战役地图

凡尔登的法国战线向外突出，面临巨大的后勤补给挑战

1. 展开突击

德军"格里希特行动"（又名"审判行动"或"处决行动"）的开始阶段，第3军、第5军和第18军攻击马斯河东岸的法军阵地。他们往往在配备火焰喷射兵的特遣突击队的协助下分批推进。这一阶段法军与德军尽力推动步兵功能的专业化，突击战术（即后来的所谓"暴风突击战术"）不断得到完善提升。

2. 考尔森林

考尔森林是一处林木茂密的区域，给德军的第一次进攻造成比预期更大的阻碍。森林地区为防御者尤其是炮兵提供了极佳的掩护，是西线战场最令人惊肉跳的区域之一。森林地区还可用于诱使进攻者进入预定伏击区域，交叠的机枪形成扇面纵向火力，将进攻者歼灭。曾经的议员、多产的作家埃米尔·德里昂在此阵亡，他曾指挥第56营与第59营的步猎兵。

3. 布拉班特与萨莫尼厄

德军最初的进攻重心落在法国东部，向奥蒙镇与奥尔讷镇方向推进。然而，这一区域位于布拉班特与萨莫尼厄附近，战略意义十分重要。倘若法军在此溃败，马斯河右岸的阵地将孤立无援，甚至可能四面受敌。法军背靠河岸，无路可退，一场小失利演变为大溃败的风险极高。

4. 重夺堡垒

10月，尼韦勒将军对杜奥蒙与沃克斯发起第一次反攻，试图利用德军7月以来在索姆河遭遇重创的机会，重新夺回失去的阵地。法军在初步轰炸中发射了大量炮弹（80多万枚），但法军发射的炮弹因为制造成本高，1917年已经退出战场。最终，法军轻松夺回杜奥蒙堡垒与沃克斯。步兵攻击开始前，德军便放弃了部分战场，这对未来的"尼韦勒攻势"或许是一种错觉。

▲ 凡尔登战役前德军战机拍摄的杜奥蒙堡垒空中俯视图

5. 莫特霍姆

德军2月在马斯河右岸取得实质性进展后，3月将进攻重心转向左岸。通常来说，莫特霍姆向外突出的防御战线可赋予防御者一定的战略优势，即内线快速协调优势。但在防御德军的多面进攻时，其地理位置（背靠的河流）又使法国实际处于劣势。因此，法军在莫特霍姆与304高地伤亡惨重。

6. 苏维尔堡垒

苏维尔堡垒是拱卫凡尔登要塞的19座堡垒之一，1916年7月竟然发挥了意想不到的作用。尽管索姆河战役在7月1日打响，但仍有一些德军继续向凡尔登地区逼进。如果苏维尔堡垒陷落，德军一定会士气大振，继续推进，迫使马斯河右岸的法国守军渡河撤退。

7. 神圣之路

第一次世界大战是工业化战争，需要大量工业化军需物资，其中包括炮弹、食品、淡水、波纹铁皮和沙袋等，还需要将增援物资大规模、快速地运送到前线。由于战线布局的限制，法军的人员调动与军需物资转送都需通过一条始于巴勒迪克的狭长公路与沿线铁路完成。对凡尔登战役的主力作战部队来说，这条"神圣之路"是唯一的生命线。

8. 12月的最后攻势

凡尔登战役的最后一次攻势仍由芒然将军率军发起。攻势以奥尔讷镇方向打响，重新夺回了德军10个月前（2月末）疯狂占领的大片法国阵地。法军发射了100多万枚炮弹，几乎将这里夷为平地。况且，到了1916年12月，德军已经疲惫不堪，法军较为轻松地取得了胜利。约11000名德军士兵被俘，这一数量足以说明德军在凡尔登的糟糕状态。

若不是德里昂率部英勇抵抗,德军早已从防线中段长驱直入了。

他们首先派一个30人(第2连的拜尔班)的小队发动突击。7月12日9点,他们孤军奋战,向通往苏维尔堡垒的山坡猛冲。

堡垒守军也仅存地理优势,他们在65岁的阿斯特吕克·德·圣热尔曼中校的指挥下,在德军的炮火中煎熬,在弥漫的毒气中隐忍,在枪林弹雨中坚持了数天。杜普伊中尉率领一个连的援军穿越德军炮兵的封锁,九死一生,最终只有60人到达堡垒。就是这些人在迎战德军拜尔班的疯狂攻击,誓死捍卫苏维尔堡垒。

这90名法军与德军殊死搏斗,最终决定了凡尔登的命运。拜尔班出击,却遭遇杜普伊连队的机枪,他们用密集的火力击退了德国人的进攻。苏维尔堡垒保住了,凡尔登要塞安全了。7月12日后,德军已经失去了夺取这个伟大要塞的希望。

▶ 1915年,埃米尔·德里昂中校认识到凡尔登的战略价值,他反对从凡尔登阵地与堡垒撤出武器与士兵

▼ 战火中杜奥蒙堡垒附近的土地满目疮痍

▲ 将空军投入战场彻底改变了战争形势

凡尔登上空的战争

1915年，埃米勒·法约尔将军说："我们看不到就不能打。"

空军火力是第一次世界大战的重要组成部分，它是炮兵火力的延伸，也是最重要的战争武器。第一次世界大战前，炮兵的火力进攻需要大量地形观测信息。但第一次世界大战的西线作战规模庞大，参战人数众多，根本无法获得这样的信息。

德军在整个第一次世界大战时期均掌控地理优势，这使法军的炮火调动难上加难。马恩河战役后，德军回撤到一条地形极为有利的防线，该防线几乎控制了法国东北部与佛兰德斯之间所有的重要制高点。空军力量成为协约国部队获取地面攻击目标信息的唯一途径。

凡尔登战役期间，空军力量对双方都很重要。1914年，双方都利用战斗机结合定位悬浮气球的观察来获取情报，集结重炮与其他火炮组合为发动进攻做准备。1915年春，法约尔将军曾断言通过空军侦察的协助，可以获得不断更新的敌军阵线地图。他梦想拥有一份全面的、可与进攻协同的敌军战壕分布图，这样便可对敌军动向与炮兵攻击快速做出反应。其实，他正在设想的是一种立体作战系统，但未获成功。2003年，美军入侵伊拉克时，"杀戮盒子"空地联动作战系统问世，法约尔的创见变为现实。

空军力量成为协约国部队获取地面攻击目标信息的唯一途径。

如今，索姆河激战正酣，分散了德军注意力，德军将大量人力、物力转投北方。但是，凡尔登战役却又持续了5个月。战斗以某种内在逻辑向前推进，激烈异常，难以掌控，这种难以言明的逻辑驱使法国为了重夺当年2月以来失去的阵地，发动一系列反攻，付出了沉重的代价。历史大事件往往超越身处其间的人类的认知，似乎具有自己的意志。我们将谈到第一次世界大战中持续时间最长的战役（凡尔登战役）的过程、特征和影响。

2月21日至2月23日

德国在寒冷的冬天里经过多个星期的筹备，1916年2月21日，凡尔登战役最终打响。德军首先对法军阵地实施了密集的炮火轰炸。即使很多法军士兵有所准备，这场炮击的强度仍令人无法承受。

德军在德皇威廉二世的儿子威廉皇储的率领下，神不知鬼不觉地将160门重炮与超重炮运到凡尔登前线。这些重炮的数量相当于18个月前投入大战的260万法军拥有重炮总量的一半。

德军的第一波炮击势不可当，密集的炮火从四面八方射来，法军无可奈何，其空军在炮火的轰鸣中无法确定德军的炮位。德军的炮击大部分集中在布拉班特—厄尔内斯—凡尔登之间的三角区，约40千米的战线共发射了100万枚炮弹，其中的很多枚炮弹填充了催泪剂与有毒气体。攻击的炮火极为密集，法军通信员无法突破，被孤立在法军前方各阵地上，指令与控制系统完全被切断。

德军的第一波炮击持续了9个小时，从7点一直轰炸到16点，炮击结束，步兵开始登场。法国守军振作精神，等待大批德军拥入无人区，德军却另辟蹊径。

德军没有采取西线战场常规的大规模攻击模式，而是暗中派遣小股部队穿越无人区（有些地方宽达800米），小心翼翼地试探法军防线，寻找攻击弱点。德军的攻击方式似乎与菲利普·贝当等法国将军倡导的作战方式不谋而合，即炮兵

▲ 一架被击落的德军双翼飞机残骸

▲ 德军让法国人"流尽最后一滴血"的攻击战略给法军造成重创。图为一名半埋在土中的战死的法国士兵

先行压制、步兵突击占领的策略。

德军在奥蒙森林发起步兵攻击,先头部队是由一名副官与53名士兵组成的一支预备役猎兵营。另一名副官率领36名士兵与两名火焰喷射兵跟随在先头部队身后150米的位置,形成第2波攻击。再向后150米是第3波攻击,由45名士兵组成。德军以为强力炮击已经全歼法国守军或者瘫痪了法军的防御,这些小规模的部队可以轻松占领预定目标。

当然,的确有一些法国守军死里逃生。几处阵地上的幸存者属于步兵精锐——步猎兵。德军的第一波炮击令法军伤亡惨重,在德军步兵进入阵地前,已有三分之二法军阵亡。但剩余的法军依靠战斗素养与战斗意志坚守阵地,千方百计抑制德军的推进。尽管德军2月21日的炮击排山倒海、摧枯拉朽,但法军近乎疯狂的防守,使他们最终只失守了奥蒙森林以及考尔森林、孔蒂森林、韦勒森林与列厄博森林一带的第一道防线。

凡尔登防线中段是埃米尔·德里昂中校率领的步猎兵营,他们在考尔森林顽强地坚守着。2月22日,夜幕降临,他的营从750多名士兵的完整建制战斗到只剩94人。当德里昂即将撤离指挥所时,德军77毫米火炮袭来,指挥所被掀翻,德里昂遇难。若不是德里昂率部英勇抵抗,德军早已从防线中段长驱直入了。

随着战斗的进行,法军形势持续恶化。法军大炮已经哑火,防守布拉班特村的第72e步兵师撤回萨莫尼厄镇,布拉班特村未经一战便被放弃。

法军士气骤降,第72e步兵师的高级军官贝尔纳中校命令一支机枪特遣队留守萨莫尼厄镇以增强防御实力,但"那些听命者似乎已经手足无措"。

从布拉班特撤退是明智的,因为那里很快便被德军包围,但这激怒了法军高层。统率第30军团的克雷蒂安将军在上司要求下命令第72e步兵师夺回布拉班特村。中央集团军总司令费迪南·德朗格勒·德卡里将军指示,任何一寸土地都不能随意放弃,必须"不惜代价……拼劲全力"死守。然而,这正中法金汉的下怀。

▲ 霞飞将军认为凡尔登要塞无法抵御现代炮火的冲击，下令撤出凡尔登的武器以充实西线战场的其他阵地

贝当的凡尔登战役

法军总司令约瑟夫·霞飞很清楚凡尔登地区的严峻形势，竭尽全力避免凡尔登战役的溃败。德军继续沿马斯河右岸推进，企图切断法军的彼此联系，控制凡尔登的侧翼。为打破危局，他将后备的第2集团军派往凡尔登，几个月前，第2集团军在香槟地区经历了一场苦战，正处于休整之中。

2月24日晚，霞飞将军致电位于诺阿耶的第2集团军总部，让贝当前往尚蒂伊的法军统帅部会面。但参谋们无论如何也找不到贝当，乱作一团。长期担任贝当副官的塞里尼跳上一辆军车，疾驰巴黎，凌晨3点到达巴黎北站附近的特尔米努斯旅馆。他与旅馆经理费了好一番口舌才进入旅馆，在一个房间外他发现贝当放在走廊里的靴子，旁边是一双女士拖鞋。塞里尼抬手敲门，贝当"几乎一丝不挂"地出现在门口，得知自己的部队将被派往凡尔登，他们应在早上8点与霞飞将军见面。塞里尼讲明事情经过后，赶紧回房补觉。

2月26日午夜，贝当接掌凡尔登要塞。但几小时后，他便收到杜奥蒙堡垒陷落的消息。一支德军特遣小分队毫发未伤，出其不意地拿下了堡垒。杜奥蒙陷落的消息没有公之于众，反而宣扬法军面对敌人的猛攻顽强地守住了堡垒。

贝当临危不乱，马上着手挽救危局，他首先着重改善法军的后勤系统。凡尔登战线向外突出，伸进敌占区，实际上只有一条路线出入后方。这条路线包括一条轻轨铁路线与一条始于巴勒迪克的公路，被人称作"神圣之路"，法军所有兵源调动和物资转送均依靠这条路线完成。不久后，贝当强化了后勤网络，使其像上足了发条一样，有规律运行。每天有4000多辆货车与急救车在"神圣之路"上奔驰，累计完成6000多次运输任务。运输车辆每周运送9万名士兵和5万吨补给，累计行驶里程约160万千米。激战时刻，每14秒就有一辆货车驶入"神圣之路"。这里与当时的其他路线不同，它是一个现代化、自动化、工业化的运行系统。

贝当结合完善的后勤物流系统，创造了"水车模式"，他把凡尔登战役和后勤补给设想成一个巨大的水车，不停地将水从战场中取出，同时送入大量的新鲜资源。贝当确保士兵无须在前线连续作战，如果他们已经投入过战斗或者在战斗中负伤，部队将立即将其撤出休整。贝当将军明白，若想使战斗部队避免困境，保持其战斗力至关重要。

相反，德军士兵在前线则需连续作战数个星期。在持续的战斗中，德军损失了大量久经沙场的士兵与士官，部队要进行整体轮换难上加难，而巨大伤亡也使部队士气接近崩溃的临界点。但颇具讽刺意味的是，与明目张胆采取消耗战模式的德国人相比，贝当将军显然更是一个消耗战大师。

贝当的改造与创新对改善困扰法军的后勤与士气问题至关重要，但仅凭这些，也无法逆转德军对法军脆弱防线潮水般的进攻。截至2月24日，法军凡尔登地区的重炮已经损毁到仅剩86

门。贝当将军到达时，步兵纪律涣散，混乱不堪，无力自保。唯一值得庆幸的是，当时德军需要移动炮位，修整新占区的堑壕，拓展补给线，法军因此才得以苟延残喘。战役初期，德军简单的克劳塞维茨式的消耗战挽救了法军。

到了2月末，马斯河右岸（东）的战斗进入胶着状态，推进缓慢。德军改变进攻重心，开始攻击马斯河左岸的法军阵地。3月2日，德军再次发动猛烈炮击，其强度堪比2月21日的第一波炮击。3月6日，德军在装甲列车的火力支撑下在马斯河左岸（西）展开第一轮大规模步兵攻击，目标直指莫特霍姆阵地。

法军的炮火猛烈还击，基本上打破了德军进攻的连贯性，防御的法军得以继续坚守。然而，法军10000多枚炮弹落入泥泞的战场上却没有爆炸，德军继续推进，仍保持强大的攻势。

这一区域的指挥官乔治·德·巴泽莱尔将军见法军将遭攻击，立即下令全员撤退。此刻，阵地已失，当务之急便是保持士气，避免减员。然而，3月6日至7日，第67e步兵师仍损失了3000人。法军如今对德军的攻击准备更为充分，也有能力在随后几天发动反击。早晨7点，第92e步兵团的马克上校率领两个营出动，20分钟后重新夺回前几天丧失的考哈布森林阵地的三分之二。当时，马克上校已经喝光了水，便打开一瓶廉价的红酒解渴，他叼着烟卷，挥舞手杖，继续指挥战斗。这大概就是第一次世界大战中法军军官的缩影。

贝当忧心忡忡，担心不断遭受猛攻的阵地难以为继，便敦促霞飞将军尽快发动索姆河战役。霞飞将军被贝当无休无止的增援请求搞得心烦意乱，也开始焦虑不安，他希望重新点燃法军的气势，发动总攻。1916年4月10日，他来到凡尔登前线。当天，贝当将军便吹响战斗的号角，下

▼ 德军绕开地上的法军尸体向前行进。到1916年春，德军的推进接近停滞

当时，马克上校已经喝光了水，便打开一瓶廉价的红酒解渴，他叼着烟卷，挥舞手杖，继续指挥战斗。

达了那道名留青史的命令："勇气属于我们！"

在这次督战过程中，霞飞将军第一次见到罗伯特·尼韦勒将军率军奋战，尼韦勒后来接替他担任法军总司令。尼韦勒斗志高昂，指挥战斗的姿势饱满有力。尽管他的进攻付出了惨重代价，也未取得任何战略优势，但仍令霞飞将军刮目相看。随后，霞飞将军擢升了贝当，命其担任中央集团军司令，尼韦勒也得到晋升，接掌了贝当的第2集团军。尼韦勒从4月26日起掌控了凡尔登战役的战略指挥权，直至12月战役结束。而贝当对战役的直接指挥只持续了两个月。

随着时间的流逝，战斗陷入枯燥的循环：进攻与反攻，小片阵地反复易手。但总体来说，战局逐渐落入德军的掌控之中。

德军匍匐接近凡尔登要塞，成千上万法军士兵被歼灭。霞飞留作法英联军攻击索姆河的战略预备队在马斯河磨坊全军覆没。霞飞与福煦两位法国将军原计划召集40个师与英军在索姆河并肩作战，但凡尔登战役中法军损失惨重，1916年7月1日只有12个师如约参战。

尽管法军投入兵力不多，但他们仍竭力完成作战目标，只有1560人伤亡，相比同一天英军经历的震惊世界的惨败，简直不可思议。

反攻

德军的压力逐渐减弱，7月开始在凡尔登地区行动起来。索姆河战役开始前的两周内，德军偃旗息鼓，停止攻势。德军留在凡尔登地区的所有预备队迅速向北穿梭，以防法英联军在皮卡第向德军发动袭击。而此前不久，尼韦勒刚刚向德军展开了一系列反击。5月末，他命令芒然将军夺回杜奥蒙堡垒。

芒然盲目自信，以为夺回堡垒不在话下，何况法军还充分发挥了制空能力，击落6个德军观测气球，然而这场进攻堪称灾难。法军炮兵为了给索姆河战役节约炮弹，将炮击时间从5天减为2天。结果，法军遭遇德军猛烈的炮火还击，还未发起冲锋，兵力已严重损耗。一些先头部队（如第129e步兵营）只剩下45人。5月22日11点50分，法军勉强发起冲锋。12点，彻底溃败。

1916年10月24日，法军在尼韦勒的率领下最终重夺沃克斯堡垒与杜奥蒙堡垒。法军在马斯河沿岸经历了漫长而艰难的战争考验，这对提振法军士气并取得最终胜利具有极为重要的意义。

但从严格意义上讲，夺回杜奥蒙堡垒也许并没有那么重要。当时，德军正在撤离凡尔登，重夺沃克斯也未费一枪一炮。很长时间以来，凡尔登战役已经变成断断续续的小规模交战，而且已经沉寂了许久。7月，德军攻击苏维尔城堡失败，便再未发动大规模进攻。

法军的反攻主要发生在10月下旬和11月初，12月中旬有一次短暂爆发。2月到7月的鏖战早已过去，但是最后阶段的战斗同样重要。

尼韦勒尽管攻占了几个貌似有军事价值的堡垒，但也付出了巨大的伤亡，浪费了大量弹药。他将凡尔登战役从防御战转变成攻击战，赢得了广泛赞誉。

最终，凡尔登战役为尼韦勒1916年12月接替霞飞担任法军总司令奠定了基础。1917年4月，尼韦勒的行事作风不可避免地导致了"尼韦勒攻势"的灾难性溃败，随后法军发生哗变，因为他们又想起了1916年在马斯河两岸遭受的苦难。

盘点损失

凡尔登战役中,法军与德军受损程度相近。那么,哪一方会是最终的胜利者?

凡尔登战役期间,法德两军的确切伤亡数字尚存争议,但大体上各有约35万人伤亡。这些数字虽然令人震惊,但实际只有索姆河战役伤亡人数的一半,索姆河交战双方的伤亡各约60万人。那么,为什么凡尔登战役更让我们记忆深刻呢?

某种程度上,这是由凡尔登战线向外突出的不利作战地形造成的。凡尔登战役展现了第一次世界大战的典型场景:如月球表面般满目疮痍,到处都是泥土、鲜血、死尸和垂死挣扎的伤者。血腥的杀戮无休无止,没有任何一方获得(或者失去)真正的战略利益,这种粗暴混沌的印记早在战争之初便深刻在士兵的脑海中。在凡尔登,首先听到的是法军士兵的孱弱叫喊,他们迎着隆隆的炮声行进,就像绵羊被引向屠宰场。只有贝当的"水车模式"有助于减轻士兵在凡尔登战斗时承受的痛苦和压力。

当然,他所能做的只是短时间内纾解大量伤亡造成的压力。有时几天之内,一些部队的士兵几乎全部阵亡。凡尔登战役70万人伤亡到底意味着什么?随之而来的是,协约国联军在索姆河、意大利和加利西亚(布鲁西洛夫攻势)继续发动大规模战役。德军仅在西线便伤亡近120万人(几乎是1914年和1915年损失人数的总和)。1916年下半年,德军在西线消耗了26%的兵力,在东线失去了15%的兵力,这样的损失令人心惊肉跳。在残酷的消耗战中,德军的兵力很快落于下风,与英、法、俄诸强比拼兵力损耗,他们承受不起。

▲ 位于杜奥蒙堡垒下方的墓地,里面埋葬了16142名记录在案的士兵

日德兰海战

1916年5月31日

多年来，英国与德国竞相制造舰船争夺海洋霸权，两国海军最终在北海爆发冲突

1916年年初，英国皇家海军继续封锁德国海军，北海地区风平浪静，尚未转化为战场。同年，莱因哈德·冯·舍尔晋升为海军上将，海上风云突变，他命令德军战舰突破英军封锁线。英军也已经厌倦数月来与德国舰船的小规模冲突，集结舰船做出回应。英国皇家海军的大舰队最终将迎战德国公海舰队，长期的军备竞赛终于演化为硝烟弥漫的战争。

英军也已经厌倦数月来与德国舰船的小规模冲突。

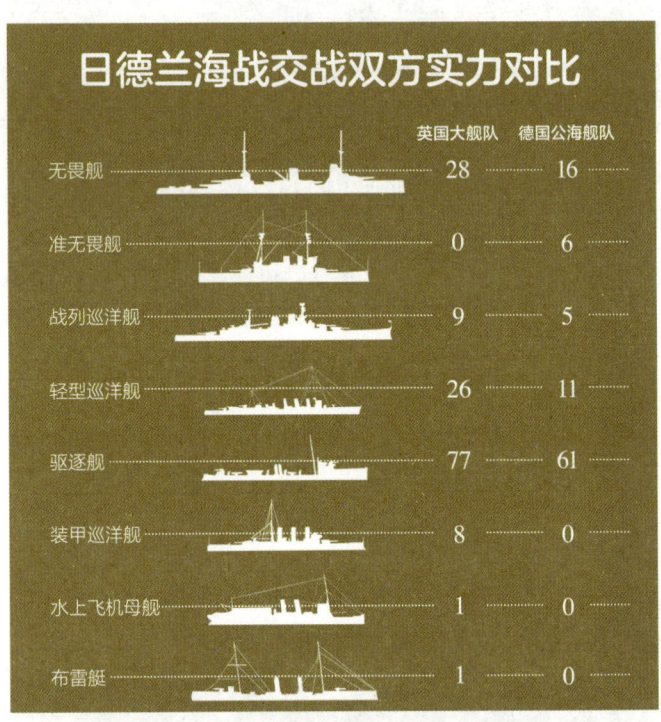

日德兰海战交战双方实力对比

	英国大舰队	德国公海舰队
无畏舰	28	16
准无畏舰	0	6
战列巡洋舰	9	5
轻型巡洋舰	26	11
驱逐舰	77	61
装甲巡洋舰	8	0
水上飞机母舰	1	0
布雷艇	1	0

日德兰海战——军备竞赛的冲击波

军备竞赛最终如何导致一场苦乐参半的战役？

对两个骄傲的国家来说，双方都很难接受舰船的损失。战役中虽然没有无畏舰沉没，但很多驱逐舰和战列舰被毁，其中英国海军的伤亡更大。尽管英国皇家海军损失了更多兵力与舰船，但是德军的撤退意味着英国皇家海军已经无可争议地掌握了北海的控制权。不过英国民众似乎并不买账，他们期待的是一场特拉法加式的胜利。这场战役的结果不甚理想，军方高层同样很失望，他们更希望这些金属怪兽可以力挽狂澜。

海军上将杰利科没有冒险突进，遭到丘吉尔的批评。的确，杰利科将军有些担心鱼雷攻击，因而没能在日德兰海战中将德国海军彻底击败。然而，这样的结局抹杀了杰利科将军之前的运筹帷幄之功。有史以来规模最大的军备竞赛结束不久后，战舰的角色已经发生改变，潜艇与航空母舰的时代即将到来。

▲ 在日德兰海战中，尽管英国皇家海军没有无畏舰受损，但有3艘战列巡洋舰与8艘驱逐舰被德国海军击沉

1. 向南游弋
英国大舰队向东行驶，前去攻击德国公海舰队。海军上将戴维·贝蒂率领几艘巡洋舰驶离奥克尼群岛海军基地，先于主力舰队出发，随时搜寻德国舰队的踪影。贝蒂的先头舰队发现了弗朗兹·希佩尔率领的德军小股舰队，在其诱使下，舰队向南游弋，结果驶入舍尔的德军主力舰队。此时，德军占据上风。

2. 第一场关键之战
15点38分，德军发动第一波攻击，英国的雄狮号、皇家公主号和猛虎号遭到重创。英国皇家海军开始还击，炮击德国的冯·德·坦恩号与毛奇号。第一艘被击沉的主力战舰是英国的不倦号战列巡洋舰，只有两名水兵死里逃生。切斯特号遭到几艘德国轻型巡洋舰伏击，但第三艘战列巡洋舰及时冲进包围圈，将其救出。

3. 一路向北
贝蒂掉转方向，欲与远处雾霭中隐约可见的英军主力舰队会合。希佩尔马上命令其舰队一路向北追击，同时英国海军上将约翰·杰利科的主力舰队也投入战斗。杰利科的舰队向南行驶，试图在德军发现英军陷阱前将德军舰队的联系切断。战斗中，德军卢佐夫号沉没，塞得利兹号和德弗林格号严重受损，英军报了不倦号被击沉的一箭之仇。

4. 寻求突破
玛丽王后号与无敌号双双被击沉，但英国大舰队阵形反而更紧凑，更有利于攻击松散的德军战线。为躲避即将遭遇的炮击，舍尔试图率舰队穿越杰利科的防线，建立进入波罗的海的通道。但舍尔打错了算盘，英军舰队早有准备，向德军实施了27次猛烈炮击，为德军的全面撤退埋下伏笔。

5. 战略撤退
舍尔随机应变，他命令轻型战列舰掩护德意志帝国海军最好的舰船撤离，现在主力舰队已经远离了英国皇家海军炮火的威胁。天色渐渐暗下来，战斗也越发困难，战役逐渐平息。

6. 难尽如人意的结局
舍尔的舰队掉转船头，再次直面英军舰队，但德军潜艇的攻击威胁令杰利科心生忌惮，眼睁睁目送德军扬长而去。整个夜晚，只在双方的轻型巡洋舰与驱逐舰之间发生了几次小规模冲突。双方海军分别返回各自基地威廉港与斯卡帕湾，日德兰海战结束，但这场战役对第一次世界大战的局势没有产生决定性影响。

皇家无畏号

无畏号是同时代最强战舰，这种新舰船的出现进一步推动了英德两国的海军军备竞赛，加剧了两国的紧张关系，第一次世界大战一触即发

建造用时：366 天

皇家无畏号
水手人数：773 人
长度：160.6 米
船幅（最大宽度）：25 米
吃水深度：7.9 米
排水量：18420 吨
最高航速：21 节（39 千米 / 小时）
最大航程：12260 千米

现代光学测距仪
皇家无畏号是当时测定距离最精确的舰船，装备了约克郡学院（现今的利兹大学）的两位物理工程学教授巴尔与斯特罗德专门研发的电子光学测距仪。

舰载炮
无畏号舰载炮是一种反鱼雷艇武器。这些 76 毫米的舰载炮一般装备在炮塔顶部或者舰艇一侧，其射程达 8530 米。

杜马雷斯克机械运算器

水兵合理就位
皇家无畏号改变了数百年来的陈规，将军官和士兵的休息舱向前移动，更靠近舰桥，确保船上人员尽可能靠近战斗岗位。

传动装置
皇家无畏号采用了新型威克斯测距钟，可以连续计算目标舰船与敌舰的距离变化，随时校正测距钟，使舰船反应始终领先一步。

克虏伯渗碳装甲
20 世纪初，克虏伯碳化钢高硬度装甲被克虏伯渗碳装甲代替，用于建造无畏号。这种创新的装甲材料大大提升了装甲弹性，降低了开裂的概率。

缩减厚度的水线带

航速领先
皇家无畏号没有采用三重膨胀发动机，成为第一艘使用实验型蒸汽涡轮发动机的舰船。皇家无畏号是当时最快的舰船，尽管装备了更多攻击武器，航速仍可达到 39 千米 / 小时。

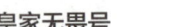

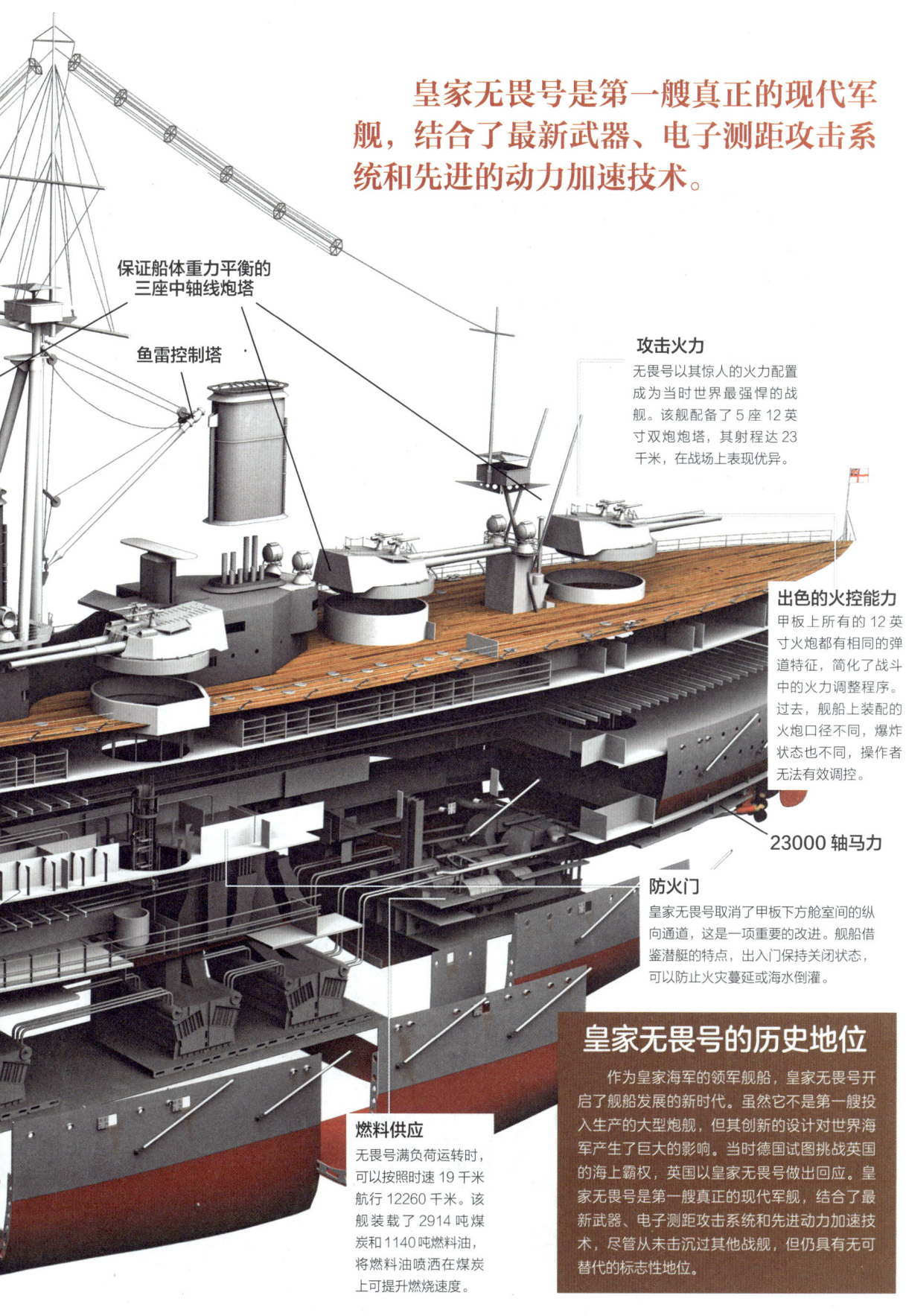

> 皇家无畏号是第一艘真正的现代军舰，结合了最新武器、电子测距攻击系统和先进的动力加速技术。

保证船体重力平衡的三座中轴线炮塔

鱼雷控制塔

攻击火力
无畏号以其惊人的火力配置成为当时世界最强悍的战舰。该舰配备了5座12英寸双炮炮塔，其射程达23千米，在战场上表现优异。

出色的火控能力
甲板上所有的12英寸火炮都有相同的弹道特征，简化了战斗中的火力调整程序。过去，舰船上装配的火炮口径不同，爆炸状态也不同，操作者无法有效调控。

23000 轴马力

防火门
皇家无畏号取消了甲板下方舱室间的纵向通道，这是一项重要的改进。舰船借鉴潜艇的特点，出入门保持关闭状态，可以防止火灾蔓延或海水倒灌。

燃料供应
无畏号满负荷运转时，可以按照时速19千米航行12260千米。该舰装载了2914吨煤炭和1140吨燃料油，将燃料油喷洒在煤炭上可提升燃烧速度。

皇家无畏号的历史地位

作为皇家海军的领军舰船，皇家无畏号开启了舰船发展的新时代。虽然它不是第一艘投入生产的大型炮舰，但其创新的设计对世界海军产生了巨大的影响。当时德国试图挑战英国的海上霸权，英国以皇家无畏号做出回应。皇家无畏号是第一艘真正的现代军舰，结合了最新武器、电子测距攻击系统和先进动力加速技术，尽管从未击沉过其他战舰，但仍具有无可替代的标志性地位。

英国皇家海军对阵德意志帝国海军

当时世界的两大海军强国均决心在公海一决雌雄

不列颠盛世走向终结

截至19世纪末,英国已成为全球技术最发达的国家。然而,随着英军分散派驻其殖民帝国各处,英国背负的财政与军事负担也越来越重。但是,英国海军依然强大。面对德国统一后新兴的工业力量,英国海军增加了海军开支以保持领先地位。在英国公众的大力支持下,港口建设的炉火熊熊点燃,通往新海军霸权的道路已经开启。

▲ 1909年,英国本土舰队与大西洋舰队在斯彼特海德海域列队等待国王的检阅

英国皇家海军

舰船
英国大舰队在军备竞赛中,无论质量上还是数量上都一直遥遥领先,因此德国海军虽败犹荣。

领导人
理查德·伯顿·霍尔丹是英国战争事务的主要决策者之一,但与德国海军上将提尔皮茨的政治博弈总是落于下风,无力改善英德两国关系。

兵力
有人认为英国水兵因训练积极而优秀,其实是英国多年搏击风浪造就了经验丰富的海上之师。

海港
从英格兰的利物浦到朴茨茅斯,再到奥克尼群岛的斯卡帕湾,悠久的海军传统使英国拥有众多停靠港口。

盟友
法国与俄国海军在地中海与波罗的海的战役中各自发挥了重要作用。美军因参战较晚而未影响战局。

总体评价
★★★

▲ 1912年,英国战争大臣出访柏林,探讨缔结控制军备协议的可能性

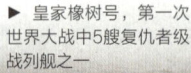
▶ 皇家橡树号,第一次世界大战中5艘复仇者级战列舰之一

▲ 这幅1913年的油画描绘了担任海军元帅的威廉二世

从大陆政策到世界政策

德国对协约国的合围心存恐惧，也渴望与世界列强一决高下，因而急需增强军事实力。俾斯麦时代结束后，威廉二世率先提出"世界政策"的构想。他认为，一支强大的公海舰队是实现伟大帝国梦想的最佳方式。德国是一个年轻的国家，刚刚成立不到50年，这样的雄心壮志在英、俄、法诸强中间产生了强烈冲击，它们被迫做出回应。

德意志帝国海军

舰船
尽管德国竭尽全力，但英军的地理优势使其总能调集更多的资源用于海军发展，因此仍是首屈一指的海军强国。

领导人
德国在英德两国的军备竞赛中掌握着主动权，提尔皮茨与比洛等人一直设法破坏英国削减德军舰队规模的企图。

兵力
德意志帝国海军舰上训练质量很高，他们必须将兵力投向大西洋。

港口
虽然德国有很多大型港口，如基尔、汉堡和威廉港等，但在绝对数量上无法与英国抗衡。

盟友
德国的盟友是奥匈帝国与奥斯曼帝国。就海军实力而言，这两个国家都有缺陷，奥匈帝国是内陆国，而奥斯曼帝国的实力已经日渐衰落。

总体评价

▼ 俾斯麦领导下的谨慎协商时代结束了，海军军备竞赛即将拉开大幕

▼ 1900年至1909年，伯恩哈德·冯·比洛曾担任德国首相

德国渴望与世界列强一决高下，因而急需增强军事实力。

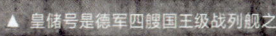

▲ 皇储号是德军四艘国王级战列舰之一

索姆河战役

陨落的一代

时间：1916年　地点：法国索姆河

1916年7月1日，成千上万英军士兵被死神吞噬。这是英军历史上最血腥惨烈的日子，近2万名士兵阵亡，3万名士兵负伤，但几乎一无所获。人们原以为这场战役将吹响击溃同盟国的号角，谁料成千上万的英军却走进德军MG08重机枪的屠戮场。

在战斗中首当其冲的是赫伯特·基齐纳招募的部分新军士兵，这支新组建的部队增强了英军实力，将有助于逆转战争局势。英国的本土征兵并不顺利，但战争大臣基齐纳另有高招，保证了兵源数量，即号召18岁到41岁的单身男子为国王与国家而战。第一次世界大战打响时，英军只招

募到25万名士兵，虽经过高质量集训，从兵力规模上仍无法满足战争的需要。英军要求再征调50万名士兵，组建一支正规部队，踊跃参军的志愿者成为这支新军的骨干力量。

每一名志愿者都签订了一份为期3年的合同。很多充满爱国主义激情的新兵经历的第一次重大战役就是索姆河战役，但他们对面战壕里的则是世界上最强大的陆军，即久经沙场、能征善战的德意志帝国军。这些英国年轻士兵初生牛犊不怕虎，无视战争的残酷与恐怖。炮击结束，军官的冲锋哨声吹响。现在是向胜利发起冲击的时刻。

▲ 贝辛斯托克营地在举行教会活动，爱尔兰第10师的一些士兵似乎对照相机更感兴趣

▲ 约瑟夫·霞飞被士兵亲切地称作"霞飞老爹",他在索姆河战役中掌控全局

为何选择在索姆河决战?

联军最高统帅部认为,法国北部是事关联军生死存亡的主战场。1915年12月29日,法军总司令约瑟夫·霞飞在尚蒂伊召集了一场会议,以阐明他的新设想。

他建议英法联军在横跨索姆河的纵深战线上展开进攻。法军最高统帅费迪南·福煦将军与英军指挥官亨利·罗林森并不看好这一建议,而英国陆军元帅道格拉斯·黑格更倾向于在海军支持下发动攻击。1916年2月21日,德军猛攻凡尔登,联军最高统帅部勉强达成协议。如果索姆河战役顺利展开,形成的新战线将大大减轻法军几乎无法承受的重压,也可击碎德军的信心,一场消耗战或将德军的战争机器彻底拖垮。

不睡在临时搭建的营房里,大部分训练用木棍或扫把代替步枪进行。由于有作战经验的士兵已经全部派往前线,新兵训练只能在退役老兵的指导下进行,但这些老兵对现代战争知之甚少。要在索姆河面对德军咆哮的机枪,他们的训练方式显得太过粗糙幼稚。这样的训练一直持续到1916年夏天,英国远征军急需支援,557支兄弟营的士兵将奔赴法国北方海岸和内陆一展身手,这些年轻的面孔哪里知道他们将面对怎样的腥风血雨。

滑铁卢火车站里到处是从英国各地赶来的新兵,他们摩拳擦掌,期待一战。由于太过拥挤忙乱,骑警赶来维持秩序。其中有1000人来自兰开夏郡的阿克灵顿镇,还有一个营的士兵全部来自谢菲尔德的各行各业,有股票经纪人、学生、记者,还有教师。格里姆斯比的一位校长甚至召集了250名学生组成一支连队,进入当地兄弟营服役。东格林斯蒂德自称组建了一支运动员营,甚至还招募到一位英格兰轻量级拳击冠军。从公立学校的学生到商店售货员,参军人员来自社会的各个层面。英军士兵与各地社区从未有过如此紧密的联系,可谓前无古人后无来者。

兄弟营

1914年大战爆发后,基齐纳的征兵海报贴满了英国各地的公告栏,同时还印制了2000多万份征兵传单。其目的是在民众中建立一种民族自豪感,甚至在不同城市间建立一种良性竞争,激励年轻人报名参军。这种方式似乎产生了效果,例如在利物浦,本来只需招募一个营,但几天后竟然足足招了4个营。这一壮举从默西塞德郡传出,其他城市竞相效仿,"兄弟营"应运而生。

但是,军需品的短缺(如1915年的炮弹危机)对新兵的训练产生了不利影响。士兵们不得

赫伯特·基齐纳何许人也?

自基齐纳率军取得恩图曼战役大捷后,英国民众对他非常信任。但在第一次世界大战期间,他因为支持加里波利战役以及处理"炮弹危机"不力而饱受批评。1916年,他乘坐的舰船遭德军鱼雷炸沉,他遇难身亡。

炮声响起

1500门英军榴弹炮一起轰鸣,轰炸持续了整整一个星期,173.8万枚炮弹射向敌军阵地。这场炮击是历史上规模最大的炮击之一,尽管未能像黑格将军期待的那样充分彻底、切中要害,但其猛烈程度仍超乎想象。但英法联军万万没想到,德军在堑壕里的白垩土土层下修建了防弹庇护所,他们在轰炸中基本上毫发无损。甚至连铁丝网也异常致密坚固,大部分并未在炮火中受损。联军最高统帅部由于侦察能力不足,对此一无所知,他们满心期待炮击一结束,步兵便可以将剩余敌军轻松击败。可悲的是,情况并非如此。随着炮声的沉寂,德军立即架好机枪,他们知道英法联军的步兵冲锋即将开始。

士兵们在战壕中等待冲锋时,可能还在欢呼雀跃,他们在那个风云莫测的夏日里是一群鲜活的生命,不是一支即将被同盟国主力部队击溃的军队。黑格最初想推迟进攻,他认为士兵经过进一步训练才能更有效地发动进攻。但是,法军在凡尔登已经快撑不住了。早上7点30分,攻击开始。

英军黑暗的一天

第一天的决战时刻,只有第36师(阿尔斯特)投入战场。其中阿克灵顿兄弟营720人中有584人伤亡,其他兄弟营(如利兹、格里姆斯比和谢菲尔德)的伤亡程度也差不多。一天战斗结束,几乎一无所获,只有几个连队夺取了白桦林区域德军前线右翼阵地皮克战壕。7月3日,第一篇战役报道刊登出来,但表述的内容极不准确。约翰·欧文在《每日快报》上的报道与《每日纪事报》的一篇文章,对战争的叙述极为积极乐观,丝毫未提到这场血腥的屠杀。这种报道的信息源主要来自高层将领,他们并不了解英国志愿军面临的困境。与英国媒体宣扬的不同,那些在索姆河战役前几天阵亡的士兵的家人陆续收到

我们在马恩河击败过他们，我们在埃纳河战胜过他们，我们在诺维沙佩勒打得他们落花流水，我们在这里同样可以大胜而归。

——英军战歌

凡尔登印象

法军正在专注于凡尔登战役，英军在索姆河战役则必须承担更大的压力。英国远征军减员严重，为展开索姆河攻势继续大量征兵。索姆河战役第一天，参战的是英军强悍的27个师，其中19个师由新兵组成，总计75万人，对阵德国第2集团军的16个师。他们整装待发，准备"痛殴德国佬"。在索姆河战役中，英军第一次部署如此大规模的部队迎战德军王牌机械化部队。尽管法军在凡尔登战役中难以脱身，仍派出11个师协助英军，驻防前线的南端，他们的援手价值连城，意义重大。

伤亡通报。那些英国乡村与社区失去了往日的平静。

▶悲鸣声遍布的战势

屠杀仍在继续

第二天，士兵继续战斗。食品、淡水和弹药运抵新战线时，第15营俘虏53名德国兵，其中有3名军官。东兰开夏第7营甚至奋力攻取了德军防御较强的黑尔戈兰阵地。在索姆河战役的前几天，第15营是表现最好的团队之一，但他们的推进距离仍显不足，只有区区两千米，而且付出了惨重代价，损失了18名军官和610名士兵。第16营损失稍轻，有12名军官与460名士兵阵亡。

此外，第11营与第12营没有参与第一波攻击，7月2日，他们开始投入战斗，攻击了博纳费森林，截获了撤退德军的野战炮。但德军坚持到了最后，他们实施炮击，大量英军士兵阵亡。这两个营一直坚守到7月8日，之后撤退休整。应该铭记的是，索姆河战役前些天并非一无所获，英军夺取了蒂耶普瓦勒-莫瓦尔山脊沿线的马梅斯、福里库尔与蒙托邦，但人员伤亡极为惨重，令人难以承受。

造成如此严重伤亡的一方面是因为过于精确的命令。将军们认为，这支部队没有经过严格的训练，因此下达的命令尽可能面面俱到，细致入微。结果，士兵无法发挥主观能动性，即使士兵本有机会免遭屠戮，也会因为僵化地服从命令而错失良机。有些人认为，黑格与罗林森发动大规模炮击的一个目的是尽可能使士兵的攻击轻而易举，他们对士兵们的射击水平明显缺乏信心。

索姆河战役早期，英军着实取得了一些成绩。这些志愿军士兵展现出的勇气给德国军团造成了很大压力，德军总参谋长埃里希·冯·法金汉被迫推迟7月将在凡尔登发起的大规模进攻，减轻了在失利泥潭中挣扎的法军的负担。当月，英军攻占了巴赞丁岭。索姆河战役中最艰苦的战斗发生在德尔维尔森林，澳大利亚与南非的部队协助疲惫不堪的兄弟营并肩作战。基齐纳的士兵逐渐适应了战争节奏，越战越勇，他们与德军在金奇村交火，造成10万名德军伤亡。

坦克的曙光

英国步兵在索姆河战役前几个月举步维艰。德军堑壕在猛烈的炮火轰击下仅仅划出几道不太显眼的口子，英国报纸也大肆渲染战场上白骨如山的恐怖情景。9月，可能挽救这一危局的救星出现了，志愿军士兵亲眼见证世界上第一批坦克登临战场。最初有49辆坦克进入战场，但有些坦克一启动便遇到问题，实际上只有20辆坦克抵达前线，投入作战。

坦克最初被称作"陆地船"，对士兵来说极

·157·

索姆河战役中的英军士兵

头盔
1916年夏天,布罗迪头盔成为英军的标准配置。该头盔造价低廉,易于大规模生产。低速子弹可能会使头盔凹陷,但无法穿透。

刺刀
与德军近身搏斗时,刺刀可以帮助英军摆脱困境。刺刀刀锋长40厘米,近距离攻击威力十足。

步枪
英军的常规武器是李-恩菲尔德步枪,0.303口径,结合短弹匣设计,1907年开始装备。

制服
配有四个口袋的卡其色军装,上面配有棕色皮质弹药箱,两者必须经久耐磨,才能适应索姆河泥泞的战场。

饼干桶
英军士兵背包上的三角形金属牌在阳光下闪闪发光,很容易被人发觉,也容易被德军瞄准射击。

附属装备
每名士兵携带120发步枪子弹以及激战中用于解渴的2品脱水壶。

为神秘，索姆河战役以前没有人接受过操控坦克的训练。由于不了解坦克，有些人甚至以为坦克是用来运送淡水的水车。28吨的Ⅰ型坦克缓缓驶向敌军阵线，速度不快，但稳稳地向前推进。9月15日6点20分，坦克到达战场。当英国士兵充满敬畏地上下打量时，在这个庞然大物内部却是另一种疯狂景象，机组人员正在与高温和噪声抗争，努力保证履带的运转动力，并连续开火。坦克剧烈颠簸，炮手和装弹员要克服很大困难才能瞄准目标，3名驾驶员要彼此配合才能控制复杂的变速箱。但是，德军见到这些机械怪物，大惊失色，弗莱尔镇与库尔瑟莱特镇相继被英军占领。9月15日，英军在坦克的帮助下在5千米宽的战线上向前推进了约2300米。

坦克带来了伟大的新希望，目击者热议坦克轻松推倒墙壁、清除铁丝网的强悍，认为坦克是一种全新的作战模式，英军步兵将其用作大规模密集攻击武器。有一次，400名德国士兵向两辆停着的坦克挥舞白旗投降，他们不确定这种奇怪的装置到底有什么恐怖的威力。所有关于坦克的报道都遭到德国新闻出版局的审查，他们不希望媒体报道坦克的威胁，以免造成士气的低落。坦克亮相后，其性能一直不够稳定，德军不再当场投降，而是开始研究如何尽可能降低坦克的杀伤力或者将坦克逐出战场。Ⅰ型坦克的技术问题以及英国志愿军士兵坦克战术的缺乏限制了坦克效能的发挥。一些坦克冲破德军的防御，出色地完成任务，但最终坦克的杀伤力遭到遏制，英国士兵被迫撤回。又一辆Ⅰ型坦克坠入德军宽阔的战壕之内，士兵们只能无奈地望着。

冬天的征程

9月15日是索姆河战役打响以来英军收获最大的一天。整个9月德军遭遇了开战以来最大的伤亡，以至于9月28日英军第4集团军在没有坦克协助的情况下便夺取了莫瓦尔。交战双方均将蒂耶普瓦勒山脊视作最关键的制高点，如今该制

▲ 受伤的德军士兵在法军的押送下在英军战区里走动，英军士兵从战壕里向外观望

▼ 索姆河战役前,大批英军士兵向前线行进

高点也被英军占领。英军似乎已经习惯了战场氛围,但仍鲜有斩获,德军也乐于保持这种僵持状态。占领重要制高点后,黑格打算争取更多的战略利益。勒特朗斯卢瓦战役激战了整整两天,德军最终被逐出这一区域。天气越来越糟,索姆河两岸变成了积满雨水的沼泽,虽然冬天临近,英军仍继续发动进攻。

勒特朗斯卢瓦的地理条件很快不再适宜作战,但安科里高地的争夺仍在继续。英军的目标是夺取施瓦本堡垒与施杜夫堡垒,过去几个月,这两道德军防线给英军造成了极大伤害,但成千上万士兵不畏雨骤风急,不惧敌人的炮火,勇敢向前冲锋。索姆河战役进入最后一个月,11月13日至19日最后几场零星战役在安科里河沿岸

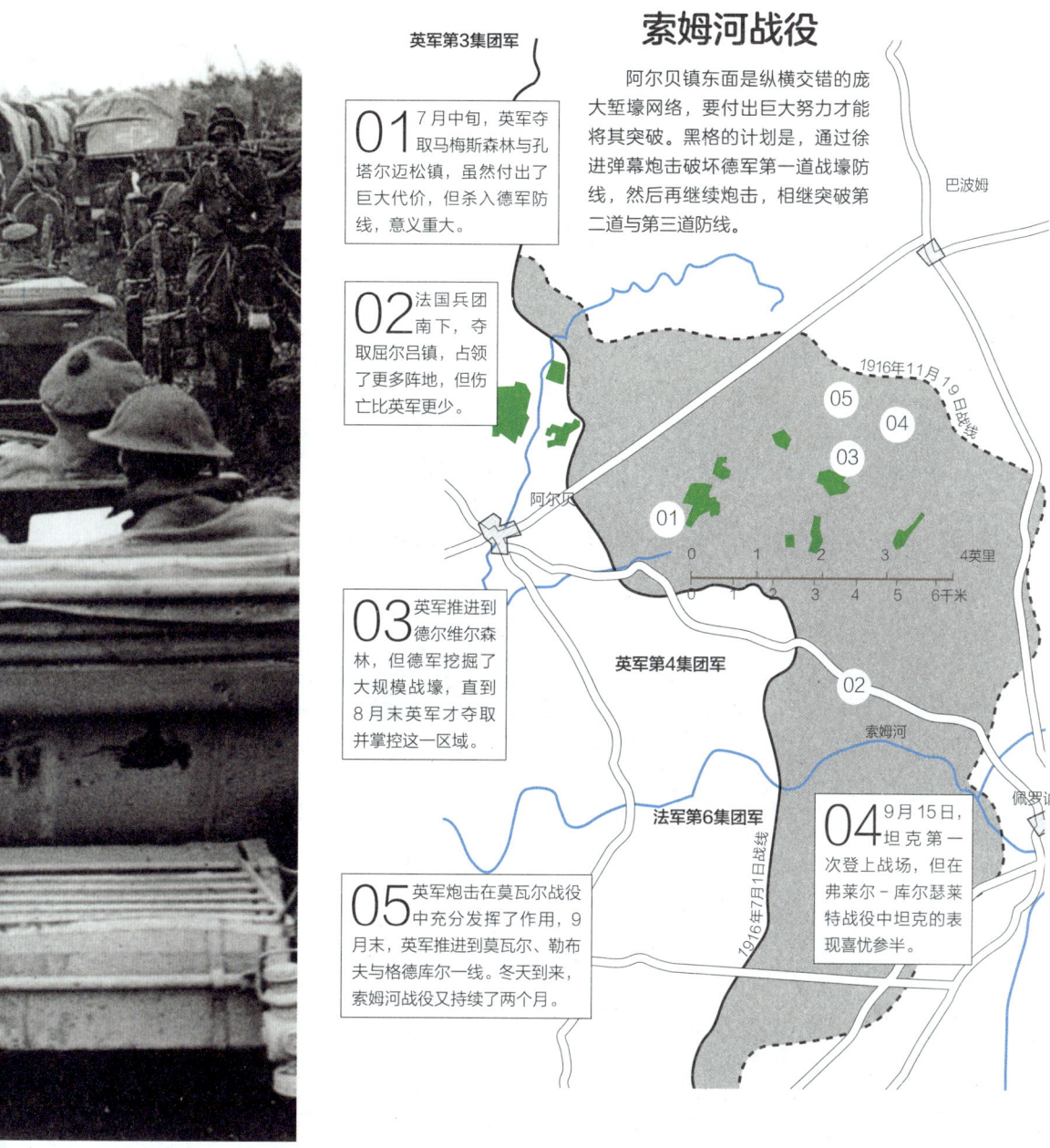

索姆河战役

阿尔贝镇东面是纵横交错的庞大堑壕网络，要付出巨大努力才能将其突破。黑格的计划是，通过徐进弹幕炮击破坏德军第一道战壕防线，然后再继续炮击，相继突破第二道与第三道防线。

英军第3集团军

01 7月中旬，英军夺取马梅斯森林与孔塔尔迈松镇，虽然付出了巨大代价，但杀入德军防线，意义重大。

02 法国兵团南下，夺取屈尔吕镇，占领了更多阵地，但伤亡比英军更少。

03 英军推进到德尔维尔森林，但德军挖掘了大规模战壕，直到8月末英军才夺取并掌控这一区域。

04 9月15日，坦克第一次登上战场，但在弗莱尔－库尔瑟莱特战役中坦克的表现喜忧参半。

05 英军炮击在莫瓦尔战役中充分发挥了作用，9月末，英军推进到莫瓦尔、勒布夫与格德库尔一线。冬天到来，索姆河战役又持续了两个月。

进行。

11月13日5点45分，炮兵开始轰炸，随后步兵出动，他们艰难地穿越泥泞地带向前推进。接下来的7天战斗也是整个索姆河战役的缩影——取得了一些战略胜利，但兵力损失惨重。原本期待英法联军的最后爆发对最终获胜产生重要意义，但是，在瓢泼大雨中，除了巴伐利亚预备役第6师一名叫阿道夫·希特勒的年轻下士受伤，英法联军一无所获。

索姆河战役的影响：陨落的一代

倾盆大雨变成冰冷的雨夹雪，这场长达4个半月的战役终于宣告结束。英军总共伤亡42万人。

▼ 索姆河战役见证了Ⅰ型坦克的首次亮相,坦克在战场上所向披靡,但也遭遇了致命危机

英军深陷困境，却只占领了一块长32千米、宽10千米的领土。索姆河战役后，乐观的爱国主义烟消云散，人们再也不愿意签名服役，兵役制度开始成为征兵的更有效手段。

基齐纳的兄弟营实验为期两年，在索姆河战役后被淘汰，但他所招募的新兵不再是各自独立的个体，而是已经成为一支训练有素、久经沙场的正规部队。索姆河战役并非只有战略战术上的失误，堑壕战磨炼出一支拥有坚定意志的强大陆军，他们将在随后的康布雷战役、阿拉斯战役以及1918年第二次索姆河战役中继续战斗。

索姆河战役是德意志帝国军的一次主要失利，中止了德军在凡尔登战役的进程。德国人没有料到英军如此顽强。随着德军撤回兴登堡防线，让法国人"流尽最后一滴血"的目标也功亏一篑。

基齐纳新军的英雄主义情结与不屈不挠的精神闪烁着夺目的光华，他们凭借顽强坚韧甚至不顾一切的自信最终在这场血腥的消耗战中惊险

▲ 一名德军士兵在展示新式钢盔，这种钢盔从1916年开始使用，代替了传统的钉盔

胜出。

索姆河战役是一场战略上的胜利，最终也付出了惨痛的代价，兄弟营士兵的一座座墓碑记录了"陨落的一代"。这些年轻人没有机会进行胜利阅兵，他们已经倒在法国北方的战场上与堑壕中。当然，损失惨重的不仅仅只有英国人，并肩作战的法国人也有20万人与他们一起长眠，法国人的浴血奋战使其同胞在凡尔登实现了坚守。

德军近50万人命丧索姆河，这些损失的兵力再也无法恢复。协约国守望相助的勇气与坚韧打破了战争格局，给威廉二世造成了极大冲击，他终于意识到英国人的决心是多么强大。

英国志愿军士兵在索姆河战役的英勇作战沉重地打击了德军，在后续战役中德军举步维艰。同时，德国实施无限制潜艇战，美国被迫参战。两年后，第一次世界大战结束。

索姆河维多利亚十字勋章英雄榜

共有51位勇士在索姆河战役中荣获维多利亚十字勋章，我们从中选取了一些人加以介绍

弗雷德里克·杰里迈亚·爱德华兹
一名勇敢无畏的爱尔兰人，擅长用手榴弹攻击敌军阵地

1916年9月，英军在坦克的支援下，试图夺取蒂耶普瓦勒山脊，那是一处位于关键高地的德军据点。爱德华兹隶属于米德尔塞克斯团，他展现出无人能及的勇气，曾用手榴弹除掉敌军的一个机枪位。爱德华兹一直战斗到1918年，后来被德军俘虏。他在战争中死里逃生，却在和平年代因经济窘困被迫出售维多利亚十字勋章，实在令人唏嘘。

大卫·琼斯
在断水断粮的情况下击退德军

1916年9月3日，这位年轻的中士在吉耶蒙展现了自己的英雄壮举。琼斯亲眼目睹指挥官被德军射杀后，率领自己的战友奋力攻占一条主要公路，并坚守两天多，击退了德军3波攻击。这名利物浦人凭借不屈不挠的英雄主义精神赢得了维多利亚十字勋章。可惜，他在一个月后的勒特朗斯卢瓦战役中阵亡，没能亲手接过勋章。

唐纳德·辛普森·贝尔
唯一被授予维多利亚十字勋章的职业足球运动员

1914年11月，贝尔积极响应基齐纳的号召，加入西约克郡兵团。他蜜月后不久便到索姆河战场报到。7月5日，他受命攻击敌军战线。他避开德军机枪的密集火力，巧妙地用手榴弹清除了德军的机枪火力点。遗憾的是，他在5天后阵亡，但人们不会忘记他的英雄事迹，他歼灭德军的地方以他的名字命名，被称为"贝尔堡垒"。

詹姆斯·尤尔·特恩布尔
单枪匹马守卫战壕的格拉斯哥硬汉

詹姆斯·特恩布尔是一名高地轻步兵，战争爆发初期加入拉纳克郡步兵志愿军。他是一个不畏艰险的勇士，1916年7月1日炮击结束后，尽管他所在班的队友都已战死，他仍竭尽全力实现了作战目标。他夺下敌军机枪，掷回敌军手榴弹，坚守阵地。当天傍晚，这位勇敢的苏格兰人被德军狙击手射杀。

加布里埃尔·乔治·库里
一名勇敢的利物浦人，冒着生命危险拯救战友

1916年8月8日，英军正穿过吉耶蒙村向前推进。南兰开夏兵团二等中尉加布里埃尔·乔治·库里受命修建一条新的交通堑壕。这项艰巨任务完成后，他的战友仍处于失联状态。当时，库里冲进敌军视野范围救起一名受伤的军官。他被德军机枪扫射，身陷险境，仍带着战友安全逃回战壕。

康布雷战役

时间：1917年11月
地点：法国北部康布雷

▲ 康布雷战役中的英军士兵。照片的原始说明文字："我们蜷缩在弹坑里，像基尔肯尼猫一样战斗。"

　　到了1917年，英军的战争观念已经被彻底改变。索姆河堑壕的铁丝网上倒刺密布、泥泞不堪的战场上血水混着雨水恣意横流，关于战争荣耀与辽阔战场的浪漫理想已经被无情地践踏并淹没。士兵们寸土必争，尸体堆积如山。英军在法国战场上苦战3年，战线却未取得任何进展，英军指挥官们这才猛然醒悟。

　　攻击战略急需变革，结合三兵种作战特点的英军康布雷进攻计划应运而生。英军的开场炮总能提醒德军，进攻即将发起，他们可以从容地战略性撤退，然后反戈一击。1917年8月，炮兵旅长亨利·休·都铎将军建议"无声启动"炮火，在不惊动敌军的情况下将大炮推上战场。第106号瞬时引信的应用对这一设想的实现发挥了极大作用，炮弹因此可在撞击目标那一刻立即爆炸。

　　同时，坦克部队旅长休·埃勒斯将军与约翰·福勒中校强烈要求展示坦克的威力。福勒坚信，他们有能力执行闪电突击，碾碎敌军的抵抗，将英军战线向前推进。第3集团军统帅朱利安·宾将军表示赞同，他认为这与都铎将军的建

6个步兵师、5个骑兵师、9个坦克营以及1000多门大炮完成集结,准备对康布雷发动进攻。

议完全一致。宾将目光转向用作德军补给站的康布雷:兴登堡防线战壕深邃,铁丝网密布,战略意义重大的康布雷居于其间,防守似乎相当严密,但因鲜有战事而格外平静,在那里发动突袭一定出其不意。

6个步兵师、5个骑兵师、9个坦克营以及1000多门大炮完成集结,准备对康布雷发动进攻。第3集团军的第3军与第4军分布在约9千米宽的战线上,随着战斗的进行,战线也将进一步延展。第3集团军需突破马尼耶尔-博雷瓦尔战线,使骑兵顺势包围康布雷,在48小时内切断德军的增援部队。显然,保密至关重要。

IV型坦克分列为"男性"与"女性"两队。"男性"坦克装备4门刘易斯火炮和2门6磅霍奇基斯海军炮。"女性"坦克只装备6门刘易斯火炮,未装备海军炮,因而重量略轻,是26吨,而"男性"坦克重28吨。坦克兵也注意到,"男性"坦克的门设在后部,但"女性"坦克的门更靠近地面,发生险情时更难逃脱。发动机由8名士兵共同掌控,然而,坦克的时速最高只能达到6千米,地形复杂地段时速往往不到两千米。

坦克在前方开路,可以毫不费力地将铁丝压在履带之下,为步兵提供掩护。为了穿越战壕,每辆坦克都载着一个木头夹着树枝的柴捆,这些柴捆可以随时填充战壕,确保坦克顺利驶过。此外,一些坦克的底部还装配了抓钩,可在行驶中将地面盘曲的铁丝清除,使后方推进的骑兵畅通无阻。

为保证战斗按计划"准时"进行,还有几件事需协调妥当。黑格在前几次战役中因战线过长连连失利,因而坚决限定康布雷战役的目标数

▲ 陆军元帅道格拉斯·黑格是第一次世界大战期间英军级别最高的指挥官

▲ 英国第3集团军统帅朱利安·宾,摄于1917年4月

量，坚持进攻的时效性。他认为，伤亡最小化是重中之重，尤其在被迫派出两个师支援意大利前线后更是如此。战斗过程表明，各师部之间的协作与交流同样生死攸关。

炮声隆隆

11月20日6点20分，炮声轰鸣，康布雷战役打响。伴着惊心动魄的序曲，坦克驶入战火的硝烟中。舒缓的坡路对坦克驾驶员来说无比轻松，看着坦克不费吹灰之力碾平布满倒刺的铁丝网，跟在后边的步兵更是惊叹不已。

英军势如破竹，最初的推进极为顺畅。英军的"时效战役"名副其实地展开，德军面对突袭大惊失色。英军大炮一直保持着杀伤力，为避免炮管过热尽量以每分钟两发炮弹的频率发射。步兵的推进也得到皇家飞行大队的增援，他们的打击目标没有指向空中，而是集中于地面。但阿弗兰库尔上空云雾浓密，一支澳大利亚飞行中队穿越其中，连战机之间都无法互相看见，更别提

▼ 第11莱斯特营的士兵在里贝库尔攻取的敌军战壕里休息

▲ 额外增配武器的"男性"IV坦克重达30吨

攻击目标了。如果飞机坠毁，飞行员必须自己想办法返回本方战线，哈里·泰勒中尉便面临这样的处境，他拾起一名阵亡士兵的武器，自己寻找援军。

这并非说英军没有遭遇抵抗。关于一名德军炮手单枪匹马对战英军的神话在战场上传得神乎其神，但当德军士兵突然发现自己处于下风时，这样的传言对他们的战术与决心似乎并无提振，反而帮了倒忙。驻扎在康布雷的一些士兵来自俄国前线，从未遭遇过坦克。这些钢铁巨兽隆隆向他们驶来，那种恐惧根本无法想象，他们只是本能地抵抗一阵，便选择战略性撤退。

不过，英军的彼此沟通很快出现问题。坦克与步兵协同作战，在通过阿弗兰库尔和格兰库尔时进展相当顺利。但在其他地点，步兵不得不猛击坦克门来提醒坦克驾驶员注意行进的方向，

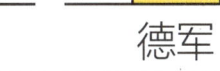

英军	德军
步兵建制 6个军	**步兵建制** 1个军
兵力损失：约4.4万人	**兵力损失**：约4.6万人
领导人 陆军元帅道格拉斯·黑格、朱利安·宾将军	**领导人** 乔治·冯·德·马维茨、巴伐利亚王储鲁普雷希特
胜负筹码 战役第一天，378辆坦克确保英军以惊人的速度向前推进	**胜负筹码** 11月23日，冯·里希特霍芬男爵率领空军参战，对阵英国皇家飞行大队

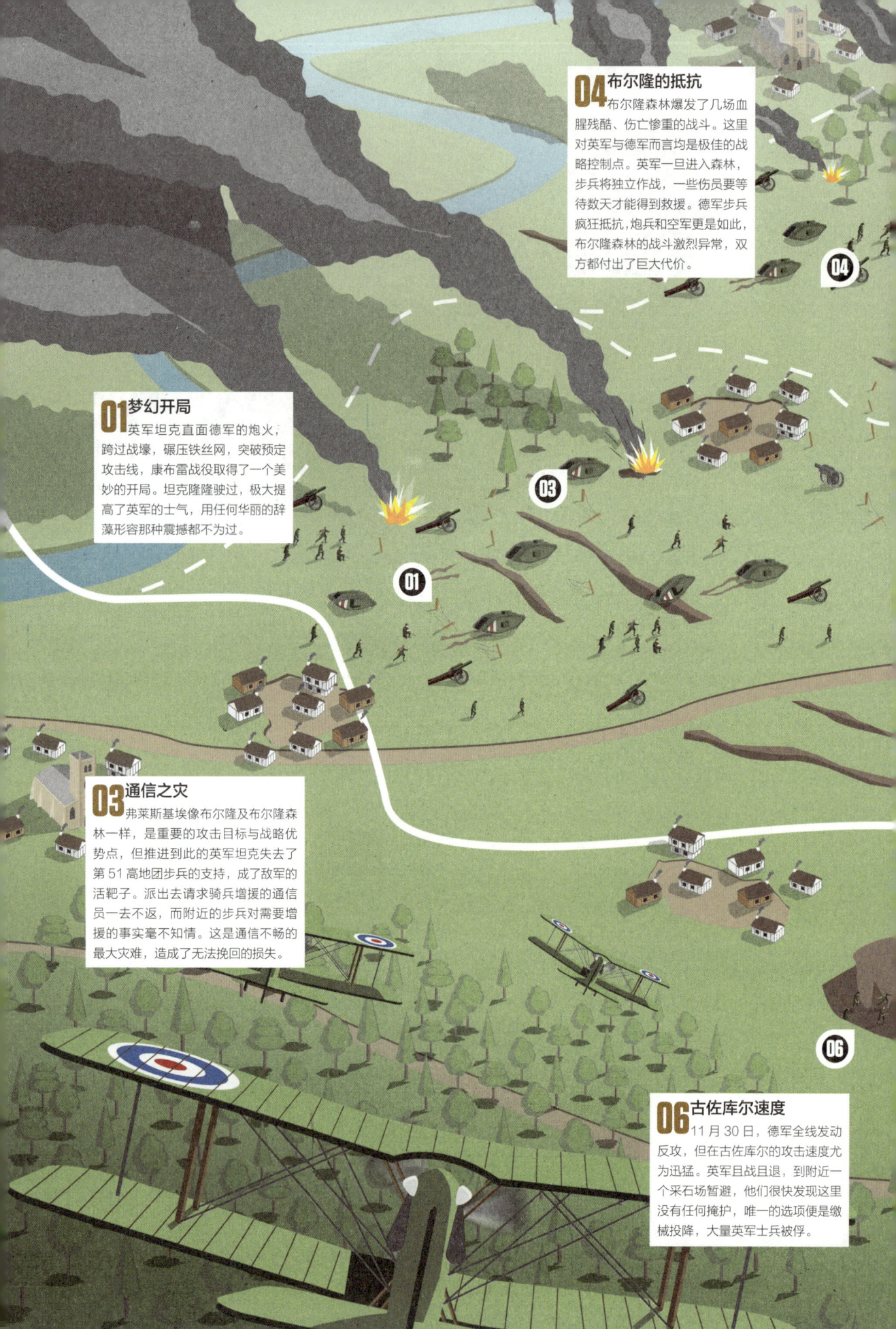

05 方丹的重要性

没有几个地方像方丹村这样反复易手。英军夺取方丹后很快发现，这里战略意义极其重要，但也极易遭受攻击。11月26日，英军掷弹兵卫队千方百计夺回方丹，但也遭受了难以想象的损失，因为缺少增援，他们取胜后不久便被迫撤退了。

02 交通困难

若英军从南面迂回过来，一定要在马尼耶尔渡过圣康坦运河。但令人遗憾的是，通行的桥梁不是被德军炸毁，就是在坦克的重压下垮塌。所有补给与增援只能依赖公路进行，路面很快堵得一塌糊涂。

坦克的迷失造成一队队步兵被迫在没有火炮支持的情况下攻击敌方主要阵地。而坦克行进速度缓慢，很容易成为攻击目标，坐在里面的坦克兵也承受着别样的恐惧。坦克吸引了敌军的主要火力，若发动机遭受攻击出了故障，瞬间便成为敌军的活靶子。坦克一旦投入战斗，对敌开火，其内部又酷热难当，震耳欲聋。大部分坦克的视线极差，如果想转弯必须先停下来，但马上就会成为战场的攻击热点。

尽管如此，坦克攻取阵地的速度仍令人无比兴奋，每占领一条战壕，每清除一处铁丝网，便向目标前进一步，英军士气空前高涨。坦克继续向前推进，后续部队源源不断，建立一条畅通无阻的通道与往来后方的交通线尤为重要。然而，运送补给的骡子在布满铁丝、泥泞不堪的战场上似乎寸步难行，狭窄的通道上运送伤员与战俘的往来交通流量很大，很快便拥挤不堪。

第3集团军稳扎稳打

战役第一天尽管取得了一定进展，但仍遇到一些大问题。坦克显然可以轻松越过战壕，但要跨过圣康坦运河则遇到了大麻烦。一辆坦克试图穿过运河时，将马尼耶尔的一座主要桥梁压垮，原计划的步兵推进被迫暂停，而另外一座桥梁则被炸毁。骑兵也被拥塞的交通延阻，他们往往与大部队联系不畅而滞留某地或被迫撤退。一支加拿大骑兵中队发现自己是在马尼耶尔唯一跨过圣康坦运河的部队，被迫重寻路线返回。

同时，坦克师穿过关键点弗莱斯基埃村时，并没有将其攻占下来，第51（高地）步兵师与坦克师的联系因此被切断。没有步兵的支持，坦克被弗莱斯基埃山脊上的火炮肆无忌惮地攻击，损失惨重。前方战场的通信员徒步3千米，竭尽全力通知弗莱斯基埃附近部队指挥官，弗莱斯基埃村尚未攻克。要命的是，掌握预备部队的乔治·蒙塔古·哈珀少将拒绝派兵攻击弗莱斯基埃村。

第二天，英军需要稳扎稳打，逐步推进。早晨，英军占领马尼耶尔，但这是一处外突的阵地，三面受敌，德军的海量炮弹与机枪火力砸向这里，德国空军也再次出现，英军的作战形势更加严峻。此外，坦克第一天已经用光了所有柴捆，如今要通过堑壕无比艰难。没有坦克支援，步兵举步维艰。

第4集团军的情况看起来要好一些，当他们向弗莱斯基埃村推进时，担心德军负隅顽抗，谁料到这里才发现德军已经撤退。相比之下，骑兵协助攻击康坦镇时，为了按照预定计划与坦克协作，一度陷入苦战。同样，坦克驶入村庄时，显然并未准备展开巷战。当时坦克的顶部没有架设机枪（1918年开始配置），若遭到二层楼窗口架设的炮火袭击，则只能被动挨打。后来，英军拿下方丹镇，但也付出了巨大伤亡，他们下一个攻击目标是布尔隆与其附近稠密的森林。

英军没有足够兵力巩固胜利果实，其进攻犹如在刀锋边缘游走。方丹防线极度脆弱，炮兵支援跟不上，桥梁损毁也造成补给运送极为艰难。同时，德军占据了战略优势控制点布尔隆与布尔隆森林，严重威胁英军防线。宾率军完成最后一搏后，下令中止进攻，进入防御状态。

黑格掌握部队攻击的胜负状况后，决定摒弃

从一棵树到另一棵树，震耳欲聋的枪炮声此起彼伏，大量英军士兵在布尔隆森林中丧命。

▲ 德军军官与在康布雷俘获的英军坦克合影。康布雷战役期间，德军截获了数百辆英军滞留或被遗弃的英军坦克

48小时的限制，继续推进。他视察战场，向士兵们取得的战斗成果表示祝贺，顺便传播一下弗莱斯基埃山脊上德国孤胆英雄的"神话"，其实完全是为了给战场上毁掉的英军坦克找个合理的解释。11月22日，德军利用英军明显的间歇，攻击方丹，将其重新夺回。德军的反击强度不断提升，英军在11月夜里刺骨的寒风中小心防御，他们知道自己的优势在一点点丧失。黑格向宾施压，要求11月23日前必须拿下布尔隆和方丹。

鏖战布尔隆森林

为了替换前线疲惫不堪的士兵，英军派来班塔姆第40师参与新一轮进攻，同时还集结了400门火炮与92辆坦克。坦克在方丹遭遇顽强阻击，被迫撤退，但坦克军情报官埃利奥特·霍特布莱克并不赞成撤退，他已经注意到坦克撤退对步兵士气的毁灭性打击。在更远的战线上，德军将坦克置于死地，他们发现坦克炮手的盲区，向坦克内部投掷手榴弹，被困的英军坦克兵在烈火中丧生。

步兵在坦克的支援下抵达布尔隆森林，一旦进入浓密的森林，他们只能自力更生了。这里的战斗极为惨烈，令人毛骨悚然。从一棵树到另一棵树，震耳欲聋的枪炮声此起彼伏，大量英军士兵在布尔隆森林中丧命。

德军最终被赶出森林，他们开始向森林中发动炮轰。下午，英军发起多次冲锋，但布尔隆和方丹仍在德军控制之下，双方的伤亡状况极为恐怖。夜幕降临，黑格派兵增援布尔隆森林，德军的反攻一直进行到深夜。黑格通知宾，布尔隆山脊无论如何必须拿下，并命令卫兵师前往增援，替换极度疲惫的士兵。

11月24日一整天,德军反复炮击布尔隆森林,不断反攻。恶劣的天气使皇家飞行大队的飞行员很难驾机升空,无法挑战近期到达的"红男爵"曼弗雷德·冯·里希特霍芬领衔的德国空军。德国空军在森林上空开火,子弹雨点般射向英军。德军步兵则一直在下方压制、蚕食森林里的英军。11月25日,德军的反攻一波接着一波,英军被冲得七零八落,血腥的小规模战斗不断发生。布尔隆的英军失去坦克的支持,遭到敌军机枪扫射,成批倒下,一支正在待命的骑兵团正处于德军大炮的视野之内,遭到炮击。德军整夜都在向精疲力竭的英军持续推进,暴怒的黑格命令部队截至11月27日必须攻下布尔隆和方丹。

宾接到黑格的命令,准备执行11月26日的进攻计划,但布雷思韦特少将对部队缺少支援和新兵源的补充忍无可忍,他们之间爆发了激烈的争吵。进攻继续进行,英军付出巨大代价攻占了方丹,夺取布尔隆森林的目标也最终达成。然而,德军立即反攻,英军被击退。

德军的攻势

尽管小规模的冲突令双方疲惫不堪,但第二天德军在增援部队到达后,立即发动了大规模反攻。

▼ 1917年12月,英军大炮抵达康布雷,士兵在附近围观

这是1915年以来德军第一次主动进攻英军，该进攻是巴伐利亚王储鲁普雷希特策划的，他的上司埃里希·鲁登道夫又将其进一步扩大。计划实施进攻两天前，德军向森林里施放了毒气，11月30日6点进攻打响。尽管几名主要军官发出了警示，但古佐库尔的英军士兵仍毫无防备，德军士兵拥入英国阵线，俘虏了大量士兵。这是德军暴风突击战术的第一个实战战例，因为第一股士兵绕过攻击目标，切断了后军的增援路线。

英军士兵如梦方醒，惊慌失措的军官赶紧扔掉剃须用品寻找武器，试图从各处重新集结，稳住阵脚。德军突破了一些阵地，但也在另一些阵地受阻。英军的彼此联系再次中断，他们针对这样的反攻毫无防备，任何回击或重夺阵地的尝试都很草率。

过去德军曾负险固守，现在轮到了英军。罗伯特·吉上尉在勒乌维特开动脑筋，坚决防御，守住了阵地和旅部弹药库。他架设了一支刘易斯火炮，对来犯之敌进行重炮突袭，击毙了两名渗透到阵地的德军士兵以及附近的一些德国卫兵，然后用两把手枪向德军的机枪位射击。后来为接受医疗救助，他被迫跳进运河，游到安全区。他的英雄壮举为他赢得了维多利亚十字勋章。

援军到达后，英军卫兵旅重新夺回古佐库尔，布尔隆森林的部队也顽强守住了阵地。战役进入小规模战斗阶段，双方损失很大，但收效很小。随着时间推移，伤亡数字不断攀升，黑格终于意识到必须撤军，以构筑冬季战线。12月3日，他下令撤退。12月7日，战事平息，交战双方都曾夺取过大量土地，也丧失过大量土地。

▲ 人称"红男爵"的曼弗雷德·冯·里希特霍芬，在康布雷战役上空发挥了巨大作用

英军阵亡、负伤或失踪的人数合计44207人。德军的损失显然很难计算，据估计在41000人到53300人之间。这里是创造力最丰富的战场之一，孕育了第一次世界大战的许多神话。但除了故事与传说，人们显然也从中吸取了深刻的教训，即不同部队间的沟通与协作是何等重要。

缺乏预备队的支援、缺乏彼此的沟通以及过分冒进都将导致战斗的最终失败。这是战争史上第一次大规模的坦克攻击战，而这一里程碑式的战役也使交战双方付出了惨重的代价。

最后一战

时间：1918年11月11日

▶ 寻找战友的墓地。第一次世界大战伤亡巨大，很多阵亡将士在战场就地掩埋或者被埋进附近的公墓

1918年11月11日9点30分，第一次世界大战的战火渐渐熄灭，第5皇家爱尔兰枪骑兵团40岁的列兵乔治·埃里森在比利时蒙斯城郊区执行侦察任务。埃里森育有一子，过去是利兹的煤矿工人。4年前，他作为英国远征军士兵在蒙斯参加了英军的第一场战役，可惜遭遇了难以启齿的失利。后来，埃里森经历了第一次世界大战的各种新型屠戮模式，如堑壕战、机枪火力控制、高爆炮弹和毒气施放等，他均能化险为夷。除了蒙斯战役，他还参加过伊普尔战役、朗斯战役、卢斯战役和康布雷战役，一些战役堪称史上对抗最激烈、伤亡最惨重的战役，但无论如何，他都毫发无伤。

恰在停火协议签订的90分钟前，埃里森与战友接到英军最高统帅部的命令，收复1914年陷落的蒙斯城。他们在树林中匍匐前进，这时一名隐蔽的德军步兵出现在埃里森视线的正前方。

1917年11月，俄国爆发革命，形势急转直下。第一次世界大战的战局猝然生变，德军再也无须双线作战。随着东线的瓦解，德军最高统帅部只需将全部精力专注于西线。之前致力于对抗沙皇及其军队的数十万军人得以解脱，德军的西

炮声一落，动作敏捷的暴风突击队员轻装上阵，飞速穿越无人区。他们随身携带火焰喷射器、轻机枪与手榴弹等武器。

线实力也大大增强。

对德军来说,俄军放弃抵抗本该是个千载难逢的好时机,但事与愿违。1917年4月,美国为了回应德国在北大西洋地区的侵略行径以及德国试图挑起墨西哥与美国争端的荒诞外交事件,选择与英国和法国一道对抗德国。

虽然美军尚未到达战场,但已经走在行军的路上。不只其影响力最大的指挥官埃里希·冯·鲁登道夫将军心知肚明,德军上下对此亦十分明确。

鲁登道夫提议,在美军有所作为之前,德军应发动一场大规模攻势,以期最终打破持续3年半的堑壕战僵局,攻占巴黎,结束战争。

1918年3月21日,攻势拉开帷幕,德军沿着长102千米的战线发动进攻,史称"鲁登道夫攻势"。这场攻势是现代工业化战争史上已知的规模最大的攻击行动,约1万门大炮同时轰鸣,将炮弹砸向联军阵地。炮声一落,动作敏捷的暴风突击队员轻装上阵,飞速穿越无人区。他们随身携带火焰喷射器、轻机枪与手榴弹等武器,其主要目标不是占领前方战壕,而是渗入联军阵线后方,与重装步兵扫荡前后夹击,瓦解联军阵线。

事实证明,这一战术非常有效。仅过两周,德军便沿着宽80千米的战线推进了32千米,占领的土地面积相当于前3年僵持阶段的总和。4月4日,攻势第一阶段完成,联军晕头转向,伤亡惨重。英军和法军如今站在溃败的悬崖边缘。

鲁登道夫将视线投向巴黎,如今其战线南端距巴黎只有145千米。若德军攻占巴黎,便将胜利牢牢握在手中。5月26日,德军继续发动攻势。4天内,鲁登道夫的部队已推进48千米,到达马恩河畔。巴黎就像一枚奖章在地平线上闪烁。

然而,这些巨大的胜利并不会从天而降。德军在战斗中已经伤亡约35万人,几乎无法推进。

▲ 爱尔兰卫队士兵在阵地上休息,约5分钟后,停火协议签署

▲ 1918年10月12日，利斯河畔萨伊镇的德军战时墓地埋葬了5000名阵亡将士

鲁登道夫的部队已推进48千米，到达马恩河畔。巴黎就像一枚奖章在地平线上闪烁。

尽管部队筋疲力尽，虚弱不堪，但鲁登道夫仍要求他的疲惫之师再做最后一次强力推进。

1918年7月15日，52支德军师团向联军战线出击。法军吸取前面与德军作战的教训，将防线后撤，因此，当德军暴风突击队员到达法军防线时，显然已在其炮火支援的火力范围之外。法军不费一兵一卒便轻松阻挡了德军的攻击。鲁登道夫豪赌失败，局势逆转，联军转为攻势。

联军发动了一系列大规模协同作战，预示着现代战争模式的诞生，联军战争机器全力以赴，冲击着疲于奔命的德军。

1918年7月4日，一个澳大利亚师在索姆河谷的哈默尔战役中对德军进行小规模攻击，出现了一个非同寻常的苗头。当时，澳大利亚步兵跟随坦克向前突进，后方有大规模重炮支持，空中有战机与机枪的火力护卫，他们迅速碾压了多年来无法突破的德军阵地。

这种开创性的攻击模式令英法联军信心大增，如今联军在法国元帅费迪南·福煦的指挥下，以更大规模实施这一战术。8月8日，530辆英军坦克与70辆法军坦克在亚眠城附近率先发动大规模攻势，拉开了所谓"百日攻势"的大幕，

▼ 这幅版画描绘的是1918年11月11日5点，停战协定在贡比涅的一节火车车厢里签署

攻击兴登堡防线无异于飞蛾扑火，但1918年他们受命攻击的目标就是这里。

联军借此赢得了第一次世界大战的最终胜利。

仅在第一天，联军便推进了12千米，德军落荒而逃，约2.7万人伤亡。自1914年以来，这种流水式推进的战争模式前所未见。到了第二个月，联军沿着65千米的战线又向前推进了40千米。

此刻，大批美军正在赶往战场。1918年7月，100多万美军在约翰·J.潘兴将军指挥下集结完毕。9月中旬，他们将独立发动第一次攻击，目标是德军掌控的一处外突的楔形城镇圣米耶勒。战斗持续了3天，美军为联军又取得一场压倒性胜利。几天后，美军的胜利之师与英法联军会合，向德军后方防御阵地兴登堡防线大举进攻。

兴登堡防线是德国的安全闸门，建于1916年至1917年的冬天，旨在遏制联军的突破。整条防线是由纵横交错的堑壕网、防空掩体、混凝土碉堡及带倒刺的铁丝网构成的强大防御系统，

最后的伤亡

战争结束前几分钟阵亡的士兵

奥古斯丁·特雷比雄

特雷比雄是第415步兵团的通信员。停战协订签署当日10点45分,他正走在色当到沙勒维尔-梅济耶尔的半路上,遭狙击手枪杀。他被派往前线,是为了通报庆祝停火的肉汤11点30分送到的消息。

列兵乔治·劳伦斯·普莱斯

普莱斯是加拿大巡逻队的士兵,奉命攻取阿弗尔村。当他们接近阿弗尔村时,遭遇敌军机枪火力的压制。普莱斯所在的小队前往攻击机枪火力所在房屋,与大部队分开。当普莱斯回到街上继续巡查时,一名狙击手将其射杀。当时是10点58分。

亨利·冈瑟中士

停战协订签署当天,冈瑟所在班奉命前去破坏绍蒙-德旺-当维莱尔村的路障,但那里有机枪把守。为争取最后的胜利,冈瑟单枪匹马向德军阵地发起冲锋。德军喊话叫他停步,他置之不理,继续一边冲锋一边开火,恰恰在10点59分被射中身亡。

1917年的阿拉斯战役验证了该防线的坚不可摧。对联军士兵而言,攻击兴登堡防线无异于飞蛾扑火,但1918年9月他们受命攻击的目标就是这里。

9月的最后一个星期,联军123个师合计约50万人集结完毕,向兴登堡防线发动猛攻。福煦要求部队快速推进,流水作战,多年来将西线战场变成了"绞肉机"的堑壕战僵局很快将化为历史的尘烟。连续炮击对敌军防线的打击比以往更为精确,再加上坦克与飞机的支援以及补给充足的步兵,福煦的战役推进设想很快如愿以偿。

联军尽管伤亡了数千名士兵,但仅用3天便突破了不可一世的兴登堡防线,并于9月29日将其占领,这对德军来说是巨大的心理冲击。即使德国最好勇斗狠的指挥官鲁登道夫也认为德军的局势令人绝望。后来他主张在部队尚有战斗力时寻求签署停战协议,这样至少还可以讨价还价,在保全德国面子甚至领土的条件下实现和平。

▲ 宣布签署停战协定后，美国第105野战炮营的士兵在镜头前欢呼

时间拨回到1918年1月，美国总统伍德罗·威尔逊提出"14点和平原则"，以便和平解决各方争端。德国人当时拒绝了他的提议，但如今对德国人来说这恐怕是最好的选择，他们与美国接触，期待达成协议。然而，局势自1月以来已经发生巨大变化，美国人对妥协已经再无兴趣。若德国期盼和平，必须付出代价，即在和平对话开启前，威廉二世必须退位。鲁登道夫是一个传统主义者，废除德国君主制完全不可理喻。他认为德军应誓死捍卫德皇，于是收回了橄榄枝。但是，鲁登道夫的军事理想主义将被政治实用主义摧毁。

1918年10月中旬，德军本土战线处于崩溃的边缘。联军的海上封锁已经切断了德国的食品供应，人民正在忍饥挨饿。德国街头爆发了一系列骚乱，很多参与者原是左翼支持者，他们挑战当局，谴责当局将他们置于灾难的边缘。此刻，德军也极度缺乏补给，海军兵变只在旦夕之间。10月26日，威廉二世迫于高层政客的压力，解除了忠心耿耿的鲁登道夫的指挥权。

1918年11月8日，德国与法国在法国贡比涅森林的一节火车车厢里进行和平协商。联军代表团由福煦元帅率领，他在战争中痛失爱子，完全没有心情协商。满腔仇恨的福煦不留任何回旋

我们没能上场消灭德国人，真遗憾！

余地，直接递交给德国代表团一份列有34项要求的清单，告诉他们72小时内同意签署，否则将面临灭顶之灾。

11月11日，德国代表团最终返回火车车厢签署停战协定。几小时前，威廉二世辞职，流亡荷兰，并在那里度过余生。11月8日至11日，战争实际已经终结，但交战双方仍有约7500名士兵在冲突中丧生。

交战双方达成停战协定，并于凌晨5点签署。德国要求立即实现停火，但联军坚持推迟到11点才解除敌对行动，这样才能将命令传达到各级指挥员。停战的消息传遍伦敦、巴黎和纽约，欢乐的人群开始聚在一起庆祝。然而，在停战协定签署到正式停火的6个小时内，杀戮仍在继续。

不同部队在不同时刻收到停战信息，他们接到的命令只是"11点停止敌对行动"，其他交由指挥官自行决定如何处置尚未完成的战斗。一些指挥官将士兵撤出战场，感谢他们做出的牺牲。但也有些指挥官觉得扬名立万的机遇转瞬即逝。

在进入和平时代的倒计时阶段，双方的大炮不断发出轰鸣，仿佛竭尽所能释放剩余的每一颗炮弹。距离最后的安全仅差几个小时，成千上万枚炮弹却随处爆炸，死伤多名士兵。其中一次炮击是一名美军炮兵上尉下令实施的，他在后来给未婚妻的信中写道："我们没能上场消灭德国人，真遗憾！"这名军官就是未来的美国总统哈利·S.杜鲁门，正是他批准在第二次世界大战尾声对日本广岛与长崎实施原子弹轰炸。

在战线的其他位置，指挥官命令士兵对敌人进行最后一击。当9点30分英军象征性地重夺蒙斯以结束战争时，曾经的利兹煤矿工人、一个孩子的父亲、列兵埃里森被射杀，还有很多士兵遭遇了类似的不幸。英军在蒙斯投入第一次世界大战，70万士兵的生命被永远留在了欧洲大陆之上。

▲ 欢乐的平民与军人在伦敦街头一起欢庆战争结束

停战协定签署后的混乱

罗伯特·戈尔瓦尔特是都柏林大学学院的现代历史学教授、战争研究中心主任。他的最新力作《铩羽而归》探讨了第一次世界大战后战败各国的动荡岁月

《1918年停战协定》结束了列强之间的对抗，那么11月11日后一些国家间是否还有公开冲突？

11月11日的停战协定为第一次世界大战主要战胜国法国、美国与英国（不含爱尔兰）带来了和平，但对于战败国，甚至包括希腊和意大利，却并非如此。欧洲大部分地区，尤其是东部，在"一战"后的1918年至1923年爆发了一系列恶性的国内战争或国际战争以及其他种族暴力事件，遇难人数甚至超过了英法美三国在第一次世界大战中伤亡的总和。

1917年至1923年，第一次世界大战"战胜国"多大程度上加剧了欧洲大陆的混乱与冲突？

这也许夸大了1919年巴黎和会西欧主导者对大片东欧领土的影响。西欧协约国在东欧并无任何实质性军事存在，也无法像1918年11月11日签署停战协定那样终止对抗。当时最危险（但当初是最理想）的观点是，美国总统伍德罗·威尔逊承诺原欧洲大陆帝国的后继国家可以实施民族自决。

1918年至1919年，欧洲基本上从庞大帝国主导的大陆转变为由新兴"民族国家"组成的群体，他们渴望实现民族的排他性，同时又希望像其帝国先辈那样统治多民族国家。接下来的30年，这些新兴民族国家中遭受压迫的少数族裔成为欧洲政治中突显的激进力量。回顾过去，人们不得不承认，欧洲过去的多民族帝国虽然远不够完美，但在处理中东欧地区错综复杂的多民族关系方面仍然优于随后诞生的民族国家。一个明显的例证是哈布斯堡帝国时代的犹太人。截至1918年，他们已经获得了法律平等与安全保障。

也有人指出，巴黎和会缔结的和平条约强加在战败的同盟国后继的民主国家头上，并没有安抚修正主义者的民族主义思潮。1918年至1919年中欧地区的民主革命因此与1918年战败国的政治权力以及他们不得不接受的"指令性"和平协议联系起来。德国、奥地利、保加利亚和匈牙利的民主派并不对战争结果负责，但公众舆论对此漠不关心。

那些大国为何不愿介入随后的冲突，如苏联与波兰的战争？若的确未曾介入，结果会如何？

在残酷恐怖的世界大战之后，英国和法国均无意军事介入地区争端。美国曾提议向柏林进军，以彻底的胜利终结战争，但英法两国都认为，经历4年的艰辛与牺牲后再以惨重代价入侵德国，无法向民众交代。本方阵营基本不会认同对东欧进行军事干预，两国虽然更支持波兰独立（只为在东面增加牵制德国的势力），但绝不会以更多英国或法国士兵生命为代价。

英法两国确实干预过俄国内战，支持过白军，但投入干预的部队规模很小，并未改变战争结局（列宁赢得内战的最终胜利）。

劳合·乔治鼓动希腊首相韦尼泽卢斯占领安纳托利亚西侧港口城市士麦那，因为那里基督徒占人口的大多数。然而，这大大加剧了希腊-土耳其战争的升级，造成了灾难性后果，土耳其民族主义者在穆斯塔法·凯末尔的领导下重整旗鼓反击希腊的入侵。

希腊与土耳其进行了3年惨绝人寰的战争，双方制造的屠杀暴行不可胜数。最终，土耳其人浴血奋战，重夺士麦那。接下来便是人口大交换，100多万土耳其基督徒与希腊穆斯林被逐出家园，为持续一个世纪的驱逐行动提供了一个危险的先例。

在您看来，缔结停战协定后的几年中阻碍世界和平的关键事件是什么？为什么？

欧洲多地暴力冲突不断，原因是多方面的，但其中三个方面对整个欧洲大陆尤为重要。

第一，第一次世界大战摧毁了旧秩序，却并未代之以稳定的新秩序。第一次世界大战——主要是多国之间在军事前线的冲突——在欧洲各地留下了巨大的权力真空，不经意间纵容了各种暴力活动，甚至到了不可收拾的地步。处于权力真空的各政治势力与各族群相互对抗博弈，以期在庞大帝国垮塌之后可以建立并塑造自己的民族国家。

第二，1918年后，庞大的帝国土崩瓦解，促使欧洲暴力升级。1918年年初，联军唯一的作战目标就是以缺乏安全感、富于攻击性的民族国家取代庞大的帝国。今天的主流观点认为，很多新兴国家的历史直到1945年仍充满混乱与不安。

第三，如果不提及1917年布尔什维克革命对俄国与欧洲的影响，便无法书写第一次世界大战后的冲突史。一小批布尔什维克党人的成功政变意味着，自1789年法国大革命以来，激进革命第一次在欧洲主要国家取得胜利。

然而，俄国革命也被视为政治权利实现的最可怕的梦魇：工人阶级战胜了旧秩序，废除了上层社会的特权，也剥夺了私有财产。

即使那些尚未遭受革命威胁的国家，战后多年间也大规模动员右翼团体，决心消灭布尔什维克主义。

▼ 1919年至1922年的希腊-土耳其战争期间，土耳其士兵在本方战壕里待命，随时准备与希腊军战斗

▲ 罗伯特·戈尔瓦尔特的新作《铩羽而归》由艾伦-雷恩出版社出版

代表人物

解读那些运筹帷幄的领袖、英勇无畏的军人以及鲜为人知的后方英雄。

第一次世界大战的
传奇领袖

第一次世界大战中卓越领袖为追逐胜利，不惧艰险，扫除一切阻碍，将敌人、对手甚至盟友踩在脚下。有些人被迫下台，有些人则奋力向前，势不可当。

作者：威廉·E. 威尔士

西线是第一次世界大战的主战场，决定了第一次世界大战的最终结果。其中有10位关键人物在各自国家的命运变迁中担负了重要的历史使命。

本文介绍的10位杰出人物中，有9位直接或间接参与了各自国家的西线作战，有6位曾担任总司令或总参谋长。不同国家的将军的具体职责范畴不同，拥有的头衔也不同，但他们的工作在许多方面大同小异。他们需要深刻了解后勤与动员的需求，透彻领悟现代战略与战术，掌握高超的领导才能与外交技巧。

这些高级指挥官分别是约瑟夫·霞飞、费迪南·福煦、道格拉斯·黑格、约翰·J. 潘兴、保罗·冯·兴登堡和埃里希·鲁登道夫。每一位领导人都肩负着巨大的责任与压力，他们要为国家的胜利与失败负责，也要为自己手中掌控的成百上千万士兵的性命负责。

沙皇尼古拉二世逊位后，阿列克谢·布鲁西洛夫才开始统率俄国军队。1916年，他发动了一场名垂青史的攻势，直到今天这场攻势仍以他的名字命名，即"布鲁西洛夫攻势"。布鲁西洛夫成功实施了对奥匈帝国军的大规模攻击，找到了在东线战场避免过度伤亡的办法。这场战役致使奥匈帝国军高层分崩离析，后来德军最高统帅部介入，率军完成了最后的战斗。

像德皇威廉二世、英国首相大卫·劳合·乔治和美国总统伍德罗·威尔逊等政治家也囊括其中，因为他们不仅要安抚后方民众的情绪，还要调整战争工业的发展，以保证战争的需要。

这些关键人物的名字几乎家喻户晓，每个人都在战争的进程中留下了不可磨灭的独特印记。

▲ 威廉二世渴望成为一名伟大的将领，但他并无半点军事天赋

威廉二世

国籍：德国　职位：皇帝

威廉二世将欧洲推入万劫不复的全面战争，
但他对战争给欧洲造成的危害估计不足

第一次世界大战爆发时，威廉二世是地表最强军团的最高统帅，拥有380万名现役士兵。但作为一名统帅，他没有任何值得夸耀的军事指挥才能。丘吉尔评价威廉二世时说道："他所希望的只是像拿破仑一样威风，却不想像拿破仑那样四处征战。"

▲ 威廉二世与沙皇尼古拉二世是远房表兄弟，他们在战争前进行了多次所谓的"威利-尼基"书信交流，试图避免开战，最终努力失败

战争爆发后，自负、好战、偏执、鲁莽的威廉二世不但与各国领袖交恶，甚至也疏远了自己的大臣和将军。倘若他没有将世界推向战争的边缘，那么他在世界舞台上的滑稽表现一定已经沦为世人的笑柄。他着力复兴普鲁士的军事传统，但作为战略家则拙劣无能，着实可悲。

第一次世界大战的前几年，他的政治目标是实现世界政策，在此基础上获取海外殖民地，创建全球海军，实施侵略性外交政策。1914年6月，弗朗茨·斐迪南大公遇刺后，他是极力推动战争的同谋。

德国曾陷入旷日持久的两线作战的泥潭，威廉二世试图插手德军的军事行动，但战争初期总参谋长赫尔穆特·冯·毛奇和首相特奥巴尔德·冯·贝特曼-霍尔维格将他的建议束之高阁。他像一个孩子，不能坚持一种合理的战略，而是在反常的军事策略与向对手议和的念头间摇摆不定。

他与许多将军产生隔阂，最终疏远他们，1916年，他别无选择，不得不接受保罗·冯·兴登堡与埃里希·鲁登道夫所谓的"无声独裁"。当德军功亏一篑时，他们命令威廉二世退位，流亡荷兰。威廉二世已再无任何实权，只能恭顺地听命于人。

保罗·冯·兴登堡

国籍：德国　　职位：总参谋长

保罗·冯·兴登堡曾拯救德国于危难之际，
但他长期实施的总体战战略最终破产

1914年8月，第一次世界大战打响两个星期后，22万多名俄军士兵正在向德军后方的东方国境线进军。年届65岁的退休普鲁士将军保罗·冯·兴登堡接到征召，登上火车专列，与新总参谋长埃里希·鲁登道夫将军一道前往危机四伏的前线。他们一起指挥了坦能堡战役，消灭了俄国第2集团军。这场胜利使兴登堡跃入德军顶级战争英雄的万神殿。

兴登堡身上体现了普鲁士军人的典型做派。他在坦能堡战役后晋升为元帅，1914年秋天全面掌控东线德军指挥权。兴登堡颇具威严，自信而沉稳，他在危急时刻挺身而出，率军同时在东西两线展开作战。兴登堡在德国人心目中俨然化身为庄严的祖父形象。他与得力助手鲁登道夫上下齐心，用他自己的话说，他已经掌控了"无声的独裁权"，享有堪与德皇媲美的实权。

兴登堡晋升为元帅后，立即与德军总参谋长埃里希·冯·法金汉将军陷入争夺军事优先权的斗争。1916年8月，兴登堡最终取代法金汉担任总参谋长，立即开始制订计划，展开行动，充分彰显自己的总体战理念。他的行动包括实施以他名字命名的军备项目"兴登堡计划"，展开无限制潜艇战，发起1918年春季攻势等。然而，他并没有给德国带来胜利，他的一系列失败表明，历史上的伟大指挥官往往缺乏合理的战略与成熟的政治技巧。兴登堡最终辜负了德国人民与士兵的期望。

▲ 兴登堡（左）将自己与陆军总监埃里希·鲁登道夫将军的亲密合作比作美满的婚姻

道格拉斯·黑格

国籍：英国　职位：英国远征军总司令

战争期间，道格拉斯·黑格在西线战场试图突破德军防线，但屡屡失利，造成了巨大伤亡

▲ 道格拉斯·黑格的优越感令下属军官心生怯意，他们不敢质疑他的计划

1915年9月，第1集团军司令道格拉斯·黑格中将孤注一掷，希望部队在法国北部的卢斯镇取得突破。战斗第二天，他将预备队投入战场，但德军已经加强阵地防御，他们错过了最佳进攻时机。这样的遭遇就像一道魔咒，黑格似乎一直无法破解。

为了攀上权力的巅峰，黑格更愿意将别人撞开。他将英军的卢斯之败归咎于陆军元帅约翰·弗伦奇，1915年12月他接替弗伦奇担任英国远征军总司令。与其他将领一样，第一次大战期间黑格在战术上也遭遇了大量惨痛的失败教训。

就积极面而言，黑格乐观稳健，做事专注。就消极面而言，他冷漠自负，凶悍好斗。作为一名训练有素的骑兵军官，他固执己见，认为骑兵是突破利器。但他对一些新式武器（如坦克）持开放态度，这一点值得称道。1916年，他将坦克投入索姆河战役，不过因为数量太少，未对战局产生影响。

自索姆河战役到一年后的帕斯尚尔战役，他仍然难求一胜，无法摆脱失利的命运。他本应在数月前辞职，却继续将士兵送入堑壕战的绞肉机。这两场战役中，英国本土士兵与英联邦士兵分别伤亡42万人与26万人。单就这一点看，"屠夫黑格"的绰号名副其实。

1918年，胜利的车轮开始转动。英军在1918年下半年的"百日攻势"中发起猛攻。黑格确实拥有坚韧的耐力，签署停战协定时，他仍在指挥岗位上。

◀ 尽管法军在霞飞任职期间伤亡巨大，收效甚微，但总参谋长约瑟夫·霞飞将军仍坚持进攻战略

约瑟夫·霞飞

国籍：法国　　职位：总参谋长

约瑟夫·霞飞以坚定的意志指挥西线战场上的法军积极防御，顶住了德军一波又一波的猛攻

法军总参谋长约瑟夫·霞飞将军坚持与敌军强力对抗。第一次世界大战的前两年中，他强硬地发起多轮攻势，但收效甚微，最终被免职。

德军对比利时发动突袭，在西线取得战略优势，并进一步向前推进，到达法国西北部的马恩河一带。霞飞将军实施第17号计划，号召法军"团结一切力量向前推进"抗击德军。

霞飞对德军第一次攻势进行到第4天时，宣告失败。为巩固本方战线，法军在8月末的所谓"大撤退"行动中撤出战场。在随后的第一次马恩河战役中，霞飞精心地安排了法军的布局。9月5日至6日，霞飞誓言不惜一切代价，6支法国野战军团与英军协同发起全面反攻。这场孤注一掷的豪赌最终将德军击退。

霞飞是一位坚定的乐观主义者。尽管西线战场遭遇的惨重伤亡一度令其他将军忧心忡忡，但面对连连失利，霞飞将军仍坚定自信。至关重要的是，他从未对士兵失去信心，士兵们亲切地称他"霞飞老爹"。

大战第3年，德军对凡尔登发动了持续一年之久的进攻，在此期间，针对霞飞将军的批评不断升温。起初，霞飞将军未能掌握德军攻击的纵深与宽度，虽然兵力与装备占优，但无法发起有效的反击。

1916年12月13日，史诗般的凡尔登战役结束后，法国政府撤换了霞飞。他晋升为元帅，光荣退休，将接力棒传递给了罗伯特·尼韦勒。

▶ 1915年10月,战争大臣大卫·劳合·乔治与海军大臣温斯顿·丘吉尔在一起。劳合·乔治对战时生产与后勤调配的娴熟处理抵消了他在战略上的天真幼稚

大卫·劳合·乔治

国籍:英国　职位:首相

尽管自由党有反对战争的传统,
但劳合·乔治很清楚保卫国家免遭侵略的重要性

英国自由党传统上反对战争,英国财政大臣大卫·劳合·乔治作为其中一员在面对德国入侵时,主张打破这一传统。1911年他指出:"英国应该不惜一切代价捍卫自己在世界列强中的地位与声望。"

1915年5月,乔治担任7年财政大臣后,成为军需大臣,并于1916年7月接替去世的基齐纳勋爵担任战争大臣。担任这些重要内阁职务期间,他说服英国商人将工厂转型,生产武器、弹药等战争基本装备。

1916年12月,劳合·乔治接替阿斯奎斯出任英国首相,他充分结合手中的权力集中生产战备物资,从而保证了英国工商业全力以赴支持英国作战部队。

劳合·乔治的后方战线政府运转顺畅,但他试图插手英军前线战略时,却处处受阻。劳合·乔治对前线的将军极不信任,但那些将军反过来认为他对军事战略一窍不通。

劳合·乔治希望英军在意大利等其他战场增加兵力,但英军总参谋长威廉·罗伯逊并没有接受他的建议。劳合·乔治不情愿地批准黑格继续发动第3次伊普尔战役。停战协定签署后,他作为英国代表团的首脑参加了巴黎和会。

埃里希·鲁登道夫

国籍：德国　职位：军需总监

埃里希·鲁登道夫制定了德国的总体战战略。
1918年春，他发动了一场强劲的攻势，企图在西线战场赢得一场大胜

埃里希·鲁登道夫盛气凌人，勇武好战，骄傲自负。在第一次世界大战中对待德军的敌人更是无比强硬。

鲁登道夫对施里芬计划有深刻的理解，1914年因此被派往德国第2集团军协助扫荡比利时。当时他崭露头角，迫使列日堡垒投降。

德军最高统帅部征召退休的保罗·冯·兴登堡挽救东线战场的危局，同时任命鲁登道夫担任他的总参谋长。8月末，鲁登道夫协助兴登堡在坦能堡战役中击败俄军，逆转了战局。

鲁登道夫与德军总参谋长埃里希·冯·法金汉多次发生冲突，他们对于战争如何推进各执己见，水火不容。鲁登道夫试图劝说威廉二世解除法金汉的职务，但未获成功。后来鲁登道夫绕开威廉二世，游说德国政客与企业家呼吁法金汉辞职。最终鲁登道夫如愿以偿，1916年8月，法金汉被解职。

兴登堡和鲁登道夫在战争的后半段成为德军的实际独裁者。他们开启了总体战战略，将美国卷入战争，导致胜利的天平向协约国联军方向倾斜。1918年，鲁登道夫指挥了一系列攻击行动（春季攻势，也称德皇会战），攻击目标为佛兰德斯地区的英国、葡萄牙联合远征军。德军尚未将英葡联军压到马恩河，法军便前来增援。协约国联军一起发动反攻，最终达成停战协定。

战后，鲁登道夫四处宣扬所谓"背后一刀"理论，即德军在战场上并未战败，而是被内部穷凶极恶的叛徒击垮的。但是，这种论调的效果适得其反，反而害了德国。

▼ 1914年，埃里希·鲁登道夫（右）在坦能堡战役中手持地图与第8集团军司令保罗·冯·兴登堡商讨战术

阿列克谢·布鲁西洛夫

国籍：俄国　职位：俄国临时政府军队总司令

布鲁西洛夫率领俄军发动攻势，取得了对奥匈帝国的伟大胜利，俄军似乎无须付出巨大的伤亡便可收复失地

▲ 1914年，阿列克谢·布鲁西洛夫将军成功发动一轮攻势，取得了伟大的胜利，重塑了俄国的荣光，两年后该攻势以他的名字命名

俄国的阿列克谢·布鲁西洛夫将军在大战之初率领俄国第8集团军在东线作战，势头强劲。他的部队突破了奥匈帝国的加利西亚前线，大大超过俄军的整体推进速度。1915年，沙皇尼古拉二世为表彰他的战功，将他晋升为四星上将，负责指挥西南集团军。

1916年夏天，恰逢西线索姆河战役爆发，俄军北方军团准备对德军发动一场攻势，布鲁西洛夫主动请缨，欲率军同时发动进攻，俄军总参谋部批准了他的请求。

布鲁西洛夫钻研堑壕战带来的挑战，设计了可以在堑壕中克服困难攻占并防守阵地的方法。他并没有像其他指挥官那样，大举压上，以图在小范围内取得突破，而是沿着整条战线的宽度发动全面进攻。其目的是拉伸敌军的防线，制造突破点。

1916年6月4日，布鲁西洛夫派出4个军团（总计50万人）向奥匈帝国阵地猛攻。指挥有序的俄军冲破了敌军堑壕前线，截至第一周周末，布鲁西洛夫从几处地点突破，推进了65千米。

9月，攻势结束。布鲁西洛夫的俄军造成奥匈帝国军60万人伤亡，另有40万名被迫缴械投降。享有盛誉的布鲁西洛夫攻势给奥匈帝国部队造成了领导权危机。生死存亡之际，德军接掌了奥匈帝国军队的指挥权。

1917年3月沙皇政权垮台后，布鲁西洛夫被临时政府任命为俄军总司令。

费迪南·福煦

国籍：法国　职位：联军最高统帅

费迪南·福煦的前线作战经验丰富，是一位卓越的指挥官，后来一跃成为西线战场的最高指挥官

陆军元帅费迪南·福煦在指挥岗位上稳扎稳打，稳步升迁。战争之初，他是一军之长，战争结束前，则晋升为联军最高统帅。福煦的自身优势完全掩盖了劣势，使其成功统领三军，游刃有余。

福煦激情满怀，斗志昂扬，深得士兵与同僚的钦佩与爱戴。他乐观积极，深谙外交技巧，善于激发士兵的热情。整个战争期间的多场战役证明，福煦是一位真正的反击大师。

大战爆发，法国大元帅约瑟夫·霞飞将军将福煦招到麾下，1915年福煦晋升为法国北方集团军司令。1916年索姆河战役期间，他率领法军推进的距离超越了英军。他担心西线攻势伤亡加剧，主张依靠新技术、新武器（如坦克）进行所谓的"科学化战争"，有效缓解了前线部队的高伤亡率问题。

1916年12月，罗伯特·尼韦勒取代霞飞的职务后，福煦的军事生涯遭遇了严重挫折。尼韦勒当政时，福煦的角色被弱化。1917年5月，菲利普·贝当将军取代了眼高手低的尼韦勒，福煦重回聚光灯下。从此，福煦一帆风顺地进入法军最高指挥层。1917年年末，德军取得卡波雷托战役胜利后，他率部增援意大利，巩固意大利松松垮垮的防线。1918年3月，福煦晋升为联军最高统帅，统领西线战场各级将领。

福煦作为联军最高统帅，为西线联军制定战略目标，指挥各国军团迎击敌军的每一次攻势。在此期间，他利用外交技巧驯服了傲慢任性的美国将军约翰·J.潘兴。战争结束时，福煦向德国提出苛刻的停战条件。与德军历经4年漫长的苦战，他满心悲愤，再也不想大发慈悲。

▲ 费迪南·福煦认为，1919年的巴黎和会应向德国提出更加严苛的条款

▲ 关于如何在西线战场使用美军，潘兴（右）与联军最高统帅费迪南·福煦多次发生冲突

约翰·J. 潘兴

国籍：美国　职位：美国远征军总指挥

潘兴试图率领美军在西线战场独立行事，承担主攻任务

美国总统伍德罗·威尔逊认为"黑杰克"约翰·潘兴有能力率领美国远征军前往法国参战。他是一位值得信赖的将军，一位举重若轻的管理者，一位出类拔萃的战斗指挥官。

潘兴坚持美军以独立的建制参与战斗，反对被拆分后作为增援部队编入法军与英军。1917年6月，美国第一批步兵抵达法国。为了使潘兴的级别与其他各国指挥官相称，3个月后美国军方将其晋升为上将。美军士兵在正式投入战斗前，必须接受严格的训练，完成训练前将作为战斗预备队。

春季攻势的严峻形势迫使潘兴同意美军各师团分别进入不同战区，阻止德军突破西线。当时，潘兴已有4个师完成训练，准备战斗。1917年夏天，美军士兵参加了一系列战役，如康蒂尼战役、贝劳森林战役和蒂耶里堡战役等。事实证明，他们是不可多得的优秀士兵。

1918年9月，福煦同意潘兴率领其整支美军对德国第5集团军发动进攻，即著名的圣米耶战役。美军与法军在默兹-阿戈讷攻势中并肩作战，遭受了严重的伤亡。

潘兴认为，除非德国民众在自己的国土上亲历战争的苦难，否则他们不会退缩。他主张德军应无条件投降，为达到这一目的必要时可入侵德国本土。他因为冷酷无情的言论被排除在巴黎和会之外。

伍德罗·威尔逊

国籍：美国　职位：总统

伍德罗·威尔逊调集美国一切资源支持美军作战，
但在和平谈判桌上，他的理想主义原则却很难获得认同

1917年4月2日，美国总统伍德罗·威尔逊向国会发表战争咨文时说道："当前，德军潜艇对商船开战就是对全人类开战。"

近3个月前，德国总理特奥巴尔德·冯·贝特曼-霍尔维格宣布，德国将实施无限制潜艇战战略，威尔逊认为这正是结束美国中立政策的合适时机。德国为自己的冒失决策付出了巨大代价，450万美国陆军和海军投入战场，对抗德军。

威尔逊一旦下定决心对德国宣战，便集中全力支持联军在西线战场击败德军。他在国会的支持下建立了义务兵役制度，掌握了战争产业，控制了食品的生产与调配。

但在对抗德意志帝国的战略上，威尔逊完全不像一个合作者。他从未与英国、法国和意大利达成过任何一项共同计划。

威尔逊积极乐观，富有远见卓识，强烈期望重建战后世界。1918年1月，他结合自己的远见起草并发表了著名的《14点和平原则》。

德国人天真地以为，威尔逊维护公平原则，他们可能会从中获得宽大处理，但他们打错了如意算盘。威尔逊深深鄙视德国军国主义，他并不想让德国人继续威胁欧洲和平。

来自法国、英国、意大利和美国的高级代表团成员对和平条款唇枪舌剑，偏离了1919年和平会议的初衷。最后，威尔逊不得不妥协，放弃了许多理想主义原则，但参会者还是采纳了他关于建立国际联盟的提议。

▲ 1918年1月，伍德罗·威尔逊总统在美国国会联席会议上致辞时指出，他的《14点和平原则》是建立欧洲新秩序的前提

巾帼不让须眉：您可能一无所知的 15 件事

第一次世界大战中的女性

尽管女性远离腥风血雨的战场，但她们称得上不列颠的无名英雄。

▲ 1915年，一家生产弹药支援前线的普通兵工厂

英军使用的武器 80% 是女性制造的

战争对女性在工厂中的角色产生了深远影响。战争前夕，全国大约30%的工人是女性，而且主要从事纺织业。但随着战争的推进，军火生产的需求急剧增加，形势彻底发生变化。不仅从事炮弹生产的女性工人数量激增，运输工业中的女性数量也猛增了555%，大量女性协助将车辆移下生产线，运往第一次世界大战战区。如果没有女性的关键援手，1915年炮弹危机之类的事件一定会更糟，甚至可能再次发生。女性付出了巨大的努力与辛勤的汗水，截至1917年，英军使用的武器80%都是英国女工人生产的。

长期暴露在 TNT 之下可导致工人皮肤变黄

军火工业的规模很大，随着工厂数量的增加，工作环境的危害也日益增大。其中最严重的是三硝基甲苯（TNT）炸药对工人健康的损害。TNT是英军炮弹的首选炸药，因此产量最大。生产过程中，女性工人往往手工操作，由于长期直接暴露在TNT物质之下，造成皮肤形成黄疸病变，颜色变黄，因而她们也被称作"金丝雀女孩"。这些工人没有防护服，往往安全措施不足。令人痛心的是，大战期间有400多名女工因过度暴露在TNT环境下而死亡。然而TNT并不是唯一的危害。缺乏安全意识和爆炸材料处置不当同时出现时会导致工厂的爆炸。诺丁汉郡的奇尔韦尔因此发生爆炸，134人丧生，整个建筑群被夷为平地。

▲ 军火生产很危险，但对英国炮兵来说是不可或缺的

2

3

女性农业大军使英国免于饥荒

德军威胁英国的海上统治权，英国很可能因海上封锁而面临粮食危机。为了在战争中生存下去，英国必须充分保证自给自足。1915年，农业委员会成立"女子农业军团"，雇用妇女从事农业工作，如开拖拉机、耕地、土地排水等。每周工作时间达50小时，周薪1.12英镑。1917年，英国农业歉收，再加上德国U型艇对补给船的破坏，英国的粮食储备仅够维持3个星期，饥荒迫在眉睫。1918年年初，英国实行定量配给制，避免了饥荒的发生。当年已有20多万名女性从事农业工作，"女子农业军团"保证了英国免于饥荒的威胁。

▲ "女子农业军团"取得巨大成功，在第二次世界大战期间她们再次展开了行动

军火工厂女工被称作"弹药师"

1915年,大卫·劳合·乔治起草的《战时军需法案》通过,军需大臣获得了全面工业支配权。为满足战争补给的需要,大量无经验的女工拥入工厂,因此成千上万的"弹药师"加入工会。玛丽·麦克阿瑟是当时最著名的工会领导人和妇女权利活动家,她帮助女工们提高安全意识,争取工资待遇。母亲、妻子、姐妹、女儿,甚至祖母积极填补了男人们在工业中留下的空白。她们从事的是重体力劳动,工作时间长,工作内容重复枯燥。适度的社交活动有助于缓解工作的疲惫。但是,一些工会反对女性工作,他们认为,那样会导致战后男性工资的减少。尽管抗议活动不断发生,但显而易见,英国的工作环境也在不断改善。

◀ 1918年,军火工业的女性平均工资为每周2英镑2先令,连男性平均工资4英镑6先令的一半都不到

英国的新职业女性不仅在工厂和田野上表现出色,她们也前往政府任职,有20万名女性在政府部门任职。由于缺少男性,女性有机会承担过去没有机会从事的工作。高层职位使妇女脱离枯燥的工作,得以向政客们表明,她们也应拥有投票权及其他平等权利。1915年3月,自由党政府开始招聘女性工作人员,形势在缓慢发生变化。8万名女性立即报名应聘,不过并没有足够的工作岗位加以安置。于是,很多人自己寻找工作,她们开始担任急救车驾驶员、公共汽车售票员和银行职员等。女性劳动力数量开始猛增。

▶ 战争改变了女性参政运动的面貌,潘克斯特与福塞特一度采取相同的行动方式

女性参政论者改变了社会的发展方向……

以埃米琳·潘克斯特为代表的女性参政论者认为战争是难得的机遇。她们减少自己的政治运动，专心协助政府应对战争，她们要向公众表明女性如何优秀。妇女社会政治联盟（WSPU）曾在"争取社会参与权"的抗议活动中发挥积极作用，如今则将大部分精力专注于携手对抗同盟国威胁的爱国行动。行动方案的变化造成了该组织的分裂。埃米琳和女儿克里斯塔贝尔坚决主张结束激进活动，支援英国战争，但另两个女儿西尔维娅和阿黛拉却持不同意见。她们都是和平主义者，致力于维护和平，西尔维娅协助组建了"妇女和平军团"，阿黛拉在澳大利亚建立了该团体的分部。《1918年人民代表法令》的颁布则证明，两种行动方案均可圈可点。

6

▲ 除了大量妇女在政府各部门工作，还有50万名女性在办公室从事文秘工作

◀ 这张1914年的明信片显示，政府非常希望女性参政论者、爱尔兰民族主义者和联合主义者将自己的政见放在一边

7

妇女政权论者亦功不可没

与女性参政论者相似，全国妇女选举权联盟（NUWSS）组织内部也遭遇了分裂。1915年2月，该组织领导人米莉森特·福塞特发现和平谈判毫无进展，决定不再支持妇女和平大会，结果造成了组织分裂，很多妇女仍坚持高举和平主义大旗。随着战争的激烈进行，福塞特从全国妇女选举权联盟中分出部分人马，出资在法国建立妇女医院，组建妇女急救医疗队和妇女志愿者预备队。但该组织并未参与积极劝说男性参军的"白羽毛运动"。全国妇女选举权联盟也以和平形式开展运动。毫无疑问，大战期间女性参政论者与女性政权论者辛勤工作，她们在争取妇女投票权方面功不可没。

投身前线

英国军中有3位女军人，她们与男人并肩为英国战斗

艾迪丝·卡维尔

艾迪丝·卡维尔或许是大战期间最大名鼎鼎的护士，据说她曾帮助200多名联军士兵从德国占领的比利时逃到中立的荷兰。卡维尔对交战双方的士兵都满怀慈悲，1915年10月被德军军官俘虏，惨遭枪杀。

弗洛拉·桑德斯

仅仅担任一名护士对于桀骜不驯的弗洛拉·桑德斯来说远远不够，她应征成为一名塞尔维亚军团士兵。奥匈帝国一向塞尔维亚宣战，桑德斯便志愿前往救护车队工作。即使塞尔维亚遭到入侵，她也不离不弃，作为钢铁团的一员追随新政府流亡到希腊科孚岛。

埃维莉娜·哈弗菲尔德

她曾是一名女性参政论者，西尔维娅·潘克斯特称她"冷峻孤傲"。哈弗菲尔德作为妇女社会政治联盟积极坚定的一员全身心投入支持大战的行动中。她创建了妇女急救队，帮助妇女成为医生、护士和摩托车通信员，在战争中发挥了重要作用。

针对女性或借助女性进行的宣传

第一次世界大战期间，支持战争和反对德国的海报铺天盖地，宣传者发现将女性形象融入宣传之中大有益处。有些宣传直接针对女性，鼓动她们为战争做出贡献，还有些宣传利用女性作为吸引更多男性参军的工具。

8

9 在西线战场以护士兼士兵的身份服役的英国女人

志愿救护队和女性医疗队遭到轻视,其成员担任司机和护士,照料战地医院中受伤卧床的士兵。这些医院由女性创建、运营,分布在法国与比利时各地。回国的士兵被送往恩德尔大街军区医院,该医院累计治疗过26000名患者,实施了7000多台大手术。

有一名女性叫多萝西·劳伦斯,她化名为丹尼斯·史密斯真正参军入伍。她只在一个工程连服役了10天,便因为表达对连队安全的关切而暴露身份。经过审讯,很多人认为她是"随军家属"或者是妓女。与西线战场类似,许多英国女性也奔赴塞尔维亚和俄国战场投入战斗。

▲ 人人都以为多萝西·劳伦斯是一名男性英国士兵

10 一支女子陆军辅助团成立

并非所有人都能像多萝西·劳伦斯那样加入男性士兵的行列。女子陆军辅助团(WAAC)成立于1917年,该团很快证明自己是一支有效的战时组织。在H. 劳森中将的推介下,报名参加的女性远远超过预期,入选者每周最低可以收到24先令酬金。该辅助团划分为4个团队:烹饪、机械、文书和杂役。大批女性进入部队,减轻了负责"生活事务"的男性军人的压力,有女性打理战线后方,他们可以奔赴前线战斗。总计57000名女性在辅助团服役,虽然取得了很大成功,但仍然遭到抵制。有些英国报纸毫无根据地宣称,大批女性与士兵发生关系后怀孕,但官方调查证实,这种说法严重夸大事实。1921年,女子陆军辅助团解散,第二次世界大战期间,以本地辅助服务团的名称恢复建制。

▲ 女性在武装部队中的作用随着时间的流逝而增加,遗憾的是,1940年许多服役记录在德军轰炸中被毁

"一战"女性的"数字化"战争

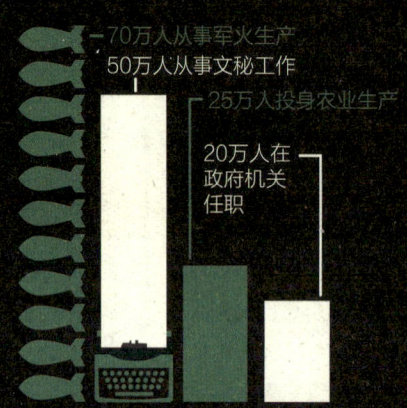

- 70万人从事军火生产
- 50万人从事文秘工作
- 25万人投身农业生产
- 20万人在政府机关任职

10万人 在战争期间加入武装部队

1918年 **500万人** 在各行各业工作

54000名 观众在埃弗顿俱乐部主场古迪逊公园球场观看1920年"弹药师"杯决赛

英国女性向前线寄出 **1200万** 封信

11 女性志愿者教男性使用武器

女子国防救济队由两个部门组成,即民事部和鲜为人知的半军事部。半军事部为妇女提供机会进行演习、游行和发信号以及使用枪支指导等训练。这种军事训练在"白羽毛运动"中发挥了重要作用,有助于说服男子参军打仗。地方国防志愿队(LDV)是第二次世界大战国民警卫队的前身,他们聘请女性帮助男子训练武器射击。此外,博尔顿战地医院补给站则展现了女性在家乡为战争做贡献的另一种方式。仅此一个补给站便向前线士兵寄送了20000多个包裹,妇女们尽其所能使丈夫的战争生活更轻松一些。

▶ 约有38000名女性在本土或西线战场担任护士、救护车司机和厨师

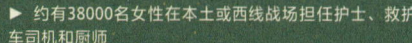

▶ 女性通过大规模加入工会找到了推动妇女事业发展的新渠道

英国首例女性主导的罢工爆发

第一次世界大战期间，女性工会组织急剧增加，会员人数增长了160%。人数增加最多的是全国女工联合会和工人联盟。截至1918年，工人联盟拥有20名女性专职工作人员，女性会员人数超过8万人，占工会总会员人数的四分之一。战争结束前几个月，伦敦公共汽车与有轨电车女工发动罢工，要求同工同酬，这是英国首例由妇女发起并赢得胜利的罢工。罢工波及伦敦地铁公司，蔓延到全国其他城镇。由此可见，妇女作为组织成员可以行使的权力与战前年代完全不可同日而语，当时90%的妇女没有加入工会。

第一批女警走上执勤岗位

战争烽火在欧洲肆虐之际，第一批女警官最初被称为女子巡逻队，她们协助维持秩序，监督工作场所的品行。她们主要在各工厂里巡逻，也在火车站、公园、电影院和酒吧等公共场所出没。她们虽然也是警察，但无权拘捕，只能代表男警员出庭举证。玛格丽特·达默·道森和玛丽·索菲·艾伦在组建女子警察志愿巡逻队的过程中发挥了重要作用。全国职业妇女联盟已经建立了5000人的志愿巡逻队，不久后该巡逻队改组为女子警察局，在英国主要城市执勤，她们留短发，采取类似军队的等级体系。

◀ 女警官们正在接受女子警察志愿巡逻队核心人物玛丽·索菲的检阅

14 战后，单身女性占据优势

75万名英国男性在战争中阵亡，这对英国女性的生活产生了巨大影响。报纸上关于所谓"女性过剩"的故事不胜枚举，宣称由于惨重的战争伤亡，女性再也找不到结婚对象。然而，单身女性也有自身优势，她们比已婚女性的工作前景更好。一名妻子在丈夫返回后需在家照料丈夫，使其恢复健康，这也降低了她们找到工作的概率。再如教师等职业只允许单身女性应聘。《1919年排除性别无资格法案》结束了这一尴尬局面，但截至20世纪30年代，只有十分之一已婚女性在工作。

▶ 在和平年代，已婚女性比单身女性找工作的难度更大

15

▲ 1921年，迪克-科尔女子足球俱乐部在英格兰足球总会发布禁令前合影

女子足球赛鸣哨

随着女性大量拥入工厂，社交活动与体育活动也逐渐兴起。在所有社交活动中，足球成为非常流行的消遣活动。工厂老板也积极推动体育运动，因为体育运动不仅可以改善工人的健康状况，还可以增加工人的幸福指数。友好的社交活动很快转化成竞技比赛，几支球队相继组建。最有名的一支是迪克-科尔女子足球俱乐部，主场设在普雷斯顿。1917年，该俱乐部成立，第一场比赛便吸引了10000名观众前来观战。1917年年末，布莱斯-斯巴达人俱乐部赢得"弹药师"杯，前锋贝拉·雷伊独中三元，上演帽子戏法。1920年节礼日，这项女子运动到达巅峰，54000名观众涌入古迪逊公园球场观看比赛。遗憾的是，1921年女子足球比赛被禁，因为人们希望女性重新回归家庭。尽管女子足球在战争时代很受欢迎，但是直到1971年禁令才解除，女子足球得以恢复。

全球革命

在第一次世界大战期间，不只英国女性令其国民引以为傲

德国

随着大批男性被派往东西两线战场，德国与英国一样，急需大量劳动力。粮食供应遭联军封锁后，丈夫或父亲离家参军的家庭生活格外艰难。到工厂工作的年轻女性急剧增加，以便为士兵提供充足的弹药。大战结束后，儿童和青少年开始不再依赖父母，他们在职场比女性更有优势，更容易在两次大战之间找到工作。人们对女性的看法一成不变，仍认为女性在工作中不如男性。

美国

第一次世界大战期间，美国有300万女性在食品、纺织和军火产业中劳作。因为男性出国参战，美国女性开始承担类似电车售票员和电报员以及维持工厂运转与运营等工作。很多过去专门生产汽车或服装的工厂分别转行生产坦克与制服。此外，还有11000名女性随军担任护士。第一次世界大战是第一次正式允许女性服役的战争。海军面临的人手不足问题尤为严重，《1916年海军建设法案》批准女性参军，以"约曼"（文职女兵）的身份服役。

俄国

俄国比其他国家走得更远，他们公开动员女性参军。1917年，沙皇组建了独立的女子部队，试图改变社会与政治潮流，赢得战争，这些女兵因此在本土成为媒体的宠儿。玛丽亚·博奇卡列娃组建了声名狼藉的女子敢死营，在与奥匈帝国作战的前线，她们沿着男兵遗弃的战壕继续战斗。该营曾远赴彼得格勒对抗布尔什维克部队，以保卫冬宫。因此，苏联历史很少提及她们。

红男爵

他是一个荒野猎人、一个冷面杀手。
他是第一次世界大战的超级明星,
也是掌控了西线战场上空的人。

长大以后,他将杀戮当作一项竞技运动,所有业余时间都在西里西亚自家庄园广阔的山林里追踪野生动物。

1918年4月2日,星期天,约11点,新组建的皇家飞行大队中尉威尔弗里德·梅正在索姆河满目疮痍的战场上空盘旋。他今年22岁,来自遥远的加拿大乡村,过去每星期这个时间他往往都会溜出压抑的教堂,现在他正在法国北方的蓝天上搜寻作战目标。

这仅仅是梅第二次参加战斗巡逻,昨天他的指挥官亚瑟·布朗上尉第一次放手让他单飞。布朗从高中便认识他,但认为他经验不足,坚持不了太久。布朗严肃地告诉梅,如果当天上午巡逻时发生战斗,梅要赶紧脱身。布朗25岁,熟知空中作战的种种危险。他跟梅的母亲很熟识,他可不想给她寄去吊唁信。

皇家空军巡逻队进入德军领空不久,便遭到颜色鲜艳的红男爵"飞行马戏团"空中编队的攻击。起初,梅严守命令,高高盘旋在战场之外,但他突然瞥见一架落单的德军三翼飞机处在他的

▲ 红男爵第11战斗机中队合影。曼弗雷德坐在他的信天翁双翼战机里，坐在地上的是他弟弟洛塔尔

下方，显然也在避开冲突。这是一个轻而易举的攻击目标，也是一个创造辉煌的绝佳机会，他无法抗拒。当梅向前推动操纵杆时，也跌落了命运的悬崖，他并不知道，他要攻击的是沃尔夫拉姆·冯·里希特霍芬——当时最恐怖的飞行员曼弗雷德·冯·里希特霍芬的堂弟，而且曼弗雷德很快将尾随而来。

曼弗雷德·冯·里希特霍芬简直是为战争而生。1892年5月2日，他出生于贵族军人家庭，很小便学习打猎。他少年时代便成为天赋异禀的神枪手和技艺娴熟的猎手。长大以后，曼弗雷德将杀戮当作一项竞技运动，所有业余时间都在西里西亚自家庄园的广阔山林里追踪野生动物。捕猎是他一生的情结。

11岁时，父亲送他到瓦尔施塔特军校学习，直接进入成人教育体系，开始正规军事训练。通过无休止的训练、课堂教学与体罚，一名士兵对德皇的自我牺牲精神被强行灌输进他的身体。

8年后，里希特霍芬从利希特尔费尔德的皇家军事学院毕业，他已经从一名少年猎手演变为沉迷于德国军国主义思想、训练有素的骑兵军官。他娴熟的军事技能、严格的自律、高度的责任感与充分的自信使他完美地成为一名为战争而生的人。

1914年战争爆发时，22岁的里希特霍芬发现自己的角色完全是多余的。机枪的出现已经使骑兵百无一用，因此这名渴望荣耀的年轻士兵开始探寻其他作战方式。迷人的新式飞行器在新挖掘的堑壕上方嗡嗡作响，他很快找到了用武之地。

1914年，飞机刚刚问世10年，交战双方的指挥官都严重怀疑飞机能否派上实际用场。然而，堑壕战使战斗陷入僵局，飞机显然可用来从上方侦察敌军战线。根据过去的传统，侦察原是骑兵的职责。1915年，里希特霍芬被重新分配到东线战场，进入德国空军做观察员。

如今，空中作战正在迅速发生变化。几个月前，双方飞行员还在摇摇晃晃的飞机上用手枪对射，现在的飞机已经专门配置了空中炮台。德军率先实现了这一点，1915年7月，福克尔E单翼飞机笑傲蓝天，这是世界上第一架战斗机，机上装备了同步发射系统，飞行员通过操纵杆就可以发射，无须腾出手来扣动扳机。德国飞行员还互相比试"制造杀伤的数目"，如果谁击落敌机超过5架，就将获得响当当的"王牌"绰号。

这些德军王牌飞行员是德意志帝国的海报明星，联军阵地的士兵也对他们耳熟能详。他们的事迹刊登在德国各地的报纸上，他们的肖像印刷在各种各样的烟盒上。他们是男孩效仿的榜样，也是女孩理想的结婚对象。其中最大名鼎鼎的是奥斯瓦尔德·伯尔克，1915年他曾与迷茫的里希特霍芬在一列火车上偶遇，伯尔克促使里希特霍芬认定自己的未来在浩瀚的蓝天之上。

里希特霍芬向上级申请重新受训，成为一名飞行员。然而，他不是天生的飞行员材料，在飞行学校的训练不尽如人意。他第一次单飞便造成飞机坠毁，但1915年圣诞节，他仍然获得了飞

第一次世界大战的骑兵侦察

里希特霍芬的军旅生涯并非始于空中，而是始于马上

里希特霍芬完成军事训练后，被分配到负责侦察工作的第1枪骑兵团，这对朝气蓬勃的年轻男爵来说再合适不过。数百年来，骑兵在欧洲战场上一直享有崇高地位，而他是一名好猎人，也是一名娴熟的骑手。第一次世界大战爆发后，里希特霍芬在奥斯特罗沃驻防。几天后战斗打响，骑兵需前往敌境侦察。他在俄军战线后方游弋多日，差点与哥萨克骑兵狭路相逢，后来及时撤退。里希特霍芬返回本方驻地后才得知，驻地指挥官误以为他已阵亡，他不得不向家里发电报，告诉父母他还活着。第二天，里希特霍芬被派往西线战场。8月21日，他跟随部队向比利时维尔通的法军阵地冲锋，却被机枪的火力彻底击退。这一场景解答了里希特霍芬一段时间以来的疑虑，骑兵在现代战场上已经没有用武之地。不久后，他远离前线，执行运送补给的任务。他在这个岗位上煎熬了几个月后，终于写信给自己的指挥官，要求重新分配到空军。他的信是这样开始的："尊敬的指挥官阁下！我是来参军打仗的，不是来收拾奶酪和鸡蛋的……"上司收到他的申请，马上将他调离。

▲ 第一次世界大战期间，密布倒刺的铁丝网和机枪终结了统治欧洲战场2000年的骑兵

·215·

战斗机中队与飞行马戏团的崛起

当飞机发展成攻击武器时,也需要创新的空中战术

第一次世界大战爆发时,德国空军尚未成立。然而随着时间的推移,地面战局的变化与空中技术的发展使德国空军应运而生,逐渐发挥重要作用。

德国由于双线作战,在大多数战斗中不得不采取守势,在西线战场更是如此。为了掌握制空权,德军着力发展战斗机。这些战斗机主要停留在本方战线,守卫本方领空,防御敌军轰炸机与侦察机的入侵。这样一来,新生的德国空军便拥有了两大优势。第一,战机飞行距离更短,在空中停留时间更长。第二,其职能就像1940年的英国皇家空军一样,专注空中防御,无须攻击地面,因此战机更轻、更快。

1915年,德军战机的职能清晰明确,不同型号的战机相继问世。最初是福克尔E单翼飞机,之后是不断更新换代的信天翁双翼机,最后是有缺陷的福克尔Dr.1三翼机。如何更好发挥战机效能的作战理论也相继发展起来。

1916年夏天,德国优秀的王牌飞行员奥斯瓦尔德·伯尔克组建了一支新型空中攻击中队——第2战斗机中队。该中队最初是由各种类型飞机混合组成的杂牌中队,后来在伯尔克的调整下,全部装备信天翁双翼机,成为成功的典范。一个中队通常配备12名到16名飞行员,在空中编队战斗。截至1917年4月,德军在西线战场有37支完备的战斗机中队,能全面控制本方领空,可惜这种态势并未持续太久。

1917年夏天,第2战斗机中队的成功催生了4个飞行中队组成的第1战斗机联队。该联队昵称为"飞行马戏团",成为第一次世界大战中最恐怖的空军部队,也为未来的恐怖空战提供了先例。第一次世界大战期间,里希特霍芬是第1战斗机联队的首任队长,赫尔曼·戈林是最后一任队长,而戈林也将在第二次世界大战期间领导纳粹空军。

▲ 飞行马戏团是世界最强的空中战队,该队首创的战术和技巧至今仍在沿用

第1战斗机联队(飞行马戏团)成为第一次世界大战中最恐怖的空军部队。

行员资格。不过他没有被分配到战斗机中队,而是驾驶新近研发的轰炸机,直到有一天伯尔克再次出现。

1916年8月,伯尔克来到东线德国空军基地,为新组建的战斗机中队挑选飞行员。事实上,只有最优秀的飞行员才能入选。当伯尔克返回巴黎时,23岁的曼弗雷德·冯·里希特霍芬与他并肩而坐。

里希特霍芬小时候在西里西亚丛林里做过猎手,他深知要凭借自己的本领才能捕到猎物。他卧室的墙壁上挂满了他猎杀的动物的头颅,无论他在玩耍还是在睡觉,那些空洞的眼神都在盯着他。这种令人毛骨悚然的训练一直延续到他的成年生活,而那时他要猎杀的是人类。

1916年9月,里希特霍芬与伯尔克一起执行了自己的第一次任务,并第一次将敌机击落。他将英军战机击落后,降落在飞机残骸旁边,用猎刀割下了机身外壳上的序列号。回到基地后,他从珠宝商那里预订了一座奖杯作为胜利的纪念。一座奖杯代表一架飞机,如果可能他还会从击落的战机上割下一块帆布作为收藏——整个战争期间他一直保持着这一习惯。他用那些帆布装饰营房的墙壁,那简直是他击落的数十架战机血淋淋的记忆。

里希特霍芬不是一名飞行高手,但绝对是一名出色的"掠食者",他击落敌机时驾驶的大部分飞机都是当时技术绝对领先的飞机。到了1916年年底,福克尔E单翼机替换为信天翁双翼机。这种飞机搭载了170马力的发动机,动力强劲,可以携带两挺同步机枪。同时,该飞机坚固的机身从空气动力学角度使其在空中对决时独领风骚。

里希特霍芬的另一大优势是伯尔克的智慧。伯尔克被称作"空中战术之父",他创立了一套空中作战生存法则,即"伯尔克守则",其中的

早期王牌飞行员

里希特霍芬并非德国的第一位王牌,也不是最后一位王牌

马克斯·伊梅尔曼

马克斯·伊梅尔曼出生在南非,他是德国第一位王牌飞行员,获得当时德国的最高勋章大蓝徽十字勋章。1916年6月,伊梅尔曼遇难,在此之前,他已经取得了17次空战胜利。他最大的贡献是发明了伊梅尔曼回旋,这种翻筋斗加滚转的缠斗技巧至今仍在使用。

奥斯瓦尔德·伯尔克

伯尔克也是大蓝徽十字勋章的获得者,曾击落40架敌机。1916年10月,他在一次空中撞击中丧生。伯尔克留下了丰富的战术与技巧,这些战术技巧被现代战斗机飞行员奉为圭臬。里希特霍芬一直以伯尔克为偶像,伯尔克的遇难给他造成了难以磨灭的影响。

赫尔曼·戈林

戈林是第二次世界大战时期希特勒的左膀右臂,在里希特霍芬战死后担任飞行马戏团的指挥官。到第一次世界大战结束时,他共击落22架敌机,获得大蓝徽十字勋章。在第一战斗机联队的烽火岁月,他与里希特霍芬的堂弟沃尔夫拉姆结下深厚友谊,他们在战后继续亲密合作。

空中作战战术

里希特霍芬是一名伟大的空中猎手，他依靠两大法宝赢得击败对手的良机

编队

在大众的想象中，红男爵是技艺高超的飞行员，是不顾一切的冒险家，但他在现实中绝非如此。红男爵很清楚自己飞行技术平平，因而极力规避风险，除最后一次飞行铤而走险，他始终在战斗中保持绝对的冷静。大多数情况下，他都沿用导师奥斯瓦尔德·伯尔克创造的简略空中战术。他的战斗机位于箭头形编队的最前端，飞到背对太阳的水平高度发起攻击。这样，他在高度、速度和视野方面便建立了对敌优势，而他的飞行中队环绕周围，保护了他的侧翼与后方。

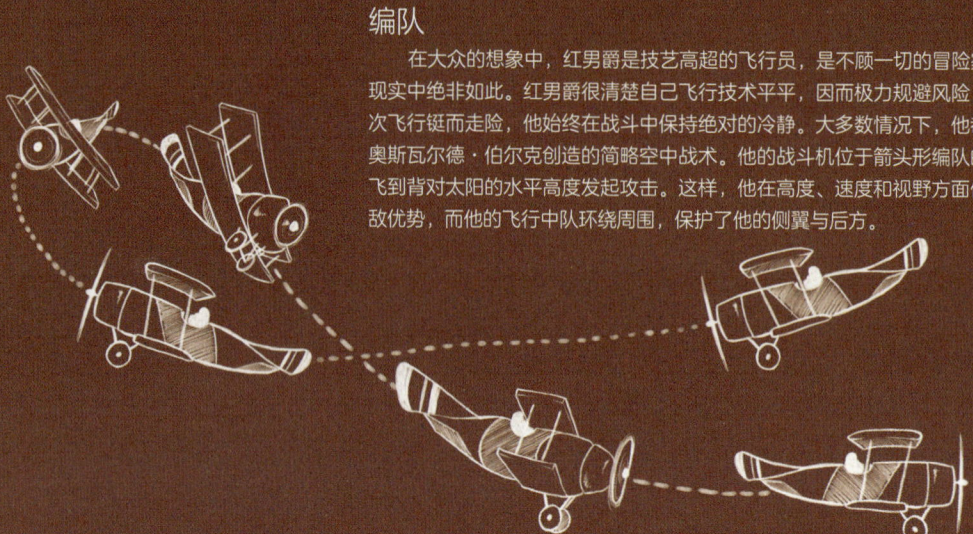

技巧

马克斯·伊梅尔曼是德国最伟大的战斗机飞行先驱。他不仅是第一位王牌飞行员，他的"伊梅尔曼回旋"技巧也为里希特霍芬等后辈飞行员所传承发扬。在完成第一次攻击后，这一飞行战术巧妙地重置了战斗机的位置。德军飞行员首先高速平飞，接着猛地向后拉起操纵杆，垂直向上爬升，直至发动机处于失速边缘，然后翻筋斗再次向下俯冲。在筋斗的最高点滚转机身、调整方向，使其恰好处于第二次攻击的线路上。

精华包括"高空攻击""利用云团与阳光的掩护"等。他还警告，"任何鲁莽的攻击"都是死路一条。

然而，伯尔克无法总结空中意外等原因。1916年10月28日，他在法国北部上空与一些英军飞行员缠斗，半空中发生碰撞，机毁人亡。

1916年11月，伯尔克葬礼一个月后，里希特霍芬击落了第11架战机，这次击落改变了他的人生。里希特霍芬击落的是英军顶级王牌飞行员、维多利亚十字勋章获得者拉诺伊·霍克少校的战机，他因此成为德国的超级明星。伯尔克离世后，德意志帝国战争机器需要一位新的英雄吸引大众挑剔的目光，年轻的普鲁士贵族是最合适的人选。

1917年1月，里希特霍芬击落了第16架飞机，创造了德国王牌飞行员的最高纪录。他在伯尔克获得大蓝徽十字勋章一年后的同一天，获颁他期盼已久的大蓝徽十字勋章，也组建了自己的飞行队——第11战斗机中队，而当时他成为战斗机飞行员还不到6个月。

里希特霍芬取得了令人羡慕的成功，如今他也期待像伯尔克那样率领自己的新编队大显身手，同时也能突出自己的特色。他在日记中写道："在这美好的一天，我突然想将我的飞机漆成耀眼的红色。那么，所有人都会情不自禁地仰望我的红色'战鹰'。"

这是一个大胆的举动，里希特霍芬的部下都很担心他颜色鲜明的战机会成为敌方的重点攻击

里希特霍芬兄弟

曼弗雷德或许是里希特霍芬家族最声名赫赫的人,但他的兄弟们也不容小觑,也曾搅动历史的波澜

沃尔夫拉姆·福莱海尔·冯·里希特霍芬

▲ 沃尔夫拉姆在秃鹰军团期间发明了很多飞行技巧

沃尔夫拉姆与名气更大的堂兄曼弗雷德一样,也是在骑兵部队开始军旅生涯的。他参加过东、西两线作战,因战斗英勇曾获得铁十字勋章。1915年,他才发现自己作为骑兵其实毫无用处。1917年,他追随两位堂兄(曼弗雷德与洛塔尔)加入空军。1918年,他通过训练成为一名战斗机飞行员,被分配到红男爵飞行马戏团。在他参加的第一场空中战斗中,堂兄曼弗雷德遇难,他幸运逃过一劫。在第一次世界大战中,他共击落8架战机,跻身王牌飞行员之列。

沃尔夫拉姆在战后退役,1929年获得航空工程博士学位,其博士学位论文是有关全金属飞机生产技术的绝密研究。

沃尔夫拉姆是希特勒的忠实支持者,1933年纳粹上台后他被任命为德国空军飞机生产部门负责人。西班牙内战期间,他指挥秃鹰军团实施了声名狼藉的格尔尼卡大轰炸,后来被授予德国空军元帅军衔。他在第二次世界大战期间达到军事生涯巅峰,1945年被美军俘虏,不久后因病离世。

洛塔尔·冯·里希特霍芬

▲ 英军王牌飞行员阿尔伯特·鲍尔在混战中击落洛塔尔的战机,随后也自行坠毁。德军将鲍尔的坠机说成是洛塔尔击落的

过去人们只记得洛塔尔·冯·里希特霍芬是红男爵的堂弟,其实在很多方面他更像外界传说的他堂兄那样狂放不羁、胆大妄为。他与堂兄的成长环境相似,但个性似乎颇为不同。他身高超过182厘米,不仅在兄弟中鹤立鸡群,而且他的个性也更为鲜明。

曼弗雷德在人们眼中往往显得孤傲冷峻、不苟言笑,随着战争推进,他更是独来独往,如苦行僧一般。洛塔尔则热衷娱乐,性格外向,在空中也容易热血沸腾,这与曼弗雷德形成鲜明对照。虽然曼弗雷德击落的战机数量更多,但洛塔尔很快迎头赶上,尽管他由于长期养病,空中飞行时间明显少得多。但截至战争结束,洛塔尔驾驶战机累计只飞行了8个月便击落了40架战机,他在医院休养的时间比在空中飞行的时间长得多。他在战争中死里逃生,却在1922年的飞行事故中丧生,时年27岁。

洛塔尔驾驶战机累计只飞行了8个月便击落了40架战机。

▲ 里希特霍芬鲜艳的红色战机在天空的背景下格外引人注目

10点30分左右，雾气消散，红男爵率领他的飞行马戏团腾空而起。半个小时里，他们在索姆河河谷上空与英国索普威兹-骆驼式战斗机编队进行了殊死搏斗。

▼ 1918年4月21日,里希特霍芬的三翼机被击落。不久后,澳大利亚士兵在坠机的残骸边合影留念

▲ 红男爵被驾驶索普威兹-骆驼式双翼机的亚瑟·布朗上尉追击，走向了生命的终点

目标。他们建议将编队中所有信天翁战机都漆成红色，但里希特霍芬表示拒绝。他建议队员们将自己的飞机漆成自己喜欢的颜色，但只有他的战机漆成了鲜血的颜色。

1917年4月，天空中到处都是德军的新型信天翁双翼机，英国皇家飞行大队从未遭遇过如此惨重的损失。这残酷的4个星期被称作"血腥4月"，英军损失了275架战机，达总战机数的三分之一。仅里希特霍芬一人就击落了21架，他的个人总战绩达到52架，比伯尔克多12架。

国际媒体很快将里希特霍芬称作"红男爵"，他也接到了休假的命令。他与德皇共进午餐，度过了自己的25岁生日，其余大部分休假时间都在口述战斗故事。当局立即据此编撰了《红色战斗机飞行员》一书，而里希特霍芬后来却不以为意。然而，那些崇拜他的大众将宣传文字牢记于心，这本书迅速蹿红，成为畅销书。

1917年6月，里希特霍芬返回前线，担任第1战斗机联队指挥官，该联队是由4个中队组成的战斗机编队。这支新型高机动性部队可以通过火车专列在前线不同战区间转移。由于这支战斗机编队就像马戏团一样在轨道上运送，新闻界将其誉为"飞行马戏团"，还将里希特霍芬与战友描绘成空中骑士，在空中与敌人决战。

当然，这是罗曼蒂克式的叙事。现实中，这场新型空战是飞行员驾驶实验机器在距地面4800米高空进行的殊死搏斗。保证活命的不是骑士精神，而是隐蔽行踪。如果谁能成功从对手眼皮底下溜走，潜到其后方射出一颗子弹，谁就是赢家。这是一项搏命的工作，里希特霍芬很快也遭受打击。

里希特霍芬在休假期间听说同为飞行员的堂弟洛塔尔严重受伤，大为震惊。4个月后，轮到里希特霍芬体验那种恐惧。1917年7月，他在一次普通空战中被击中头部，出现暂时性失明，他使出浑身解数才安全着陆，但伤痛使他陷入心理紊乱。

长期以来，德军最高统帅部一直将红男爵当作强有力的宣传工具。他们坚持让里希特霍芬留在地面上，但他被灌输的精神信条绝不容许他安全地置身于战斗之外，而他对战斗也感觉索然无味。他在日记中写道："每一场空战后，我都感觉痛苦不堪。我再次（着陆）后，马上钻进房间。我不想听任何人说话，也不想看见任何东西。我觉得战争并非人们坐在家里想象的那样……战争冷酷无情。"

里希特霍芬一直要应对空中力量的博弈，也许罹患了今天所谓的"炮弹休克"。英国与法国虎视眈眈，一直在研发新机型对抗信天翁，终于有一款索普威兹-骆驼式双翼机可以与之匹敌。德军用福克尔Dr.1三翼机予以回应。虽然这款飞机比信天翁速度更快，反应更敏捷，但也有致命

红男爵的死敌

很多联军飞行员在空中搜寻里希特霍芬，希望终结他的恐怖统治

维多利亚十字勋章获得者
拉诺伊·霍克少校
国籍：英国

霍克是英国第一位获得王牌称号的飞行员。1916年11月23日，他与里希特霍芬相遇，之前他已经击落7架飞机。霍克与里希特霍芬缠斗了很长时间，里希特霍芬打出了900发子弹，而霍克油料不足，急于脱身。里希特霍芬紧追不放，这时机枪卡住了，他急中生智，用锤子敲击，机枪恢复运转，他向霍克发出致命一击，霍克后脑开花，魂归蓝天。

维多利亚十字勋章获得者
阿尔伯特·鲍尔上尉
国籍：英国

鲍尔是英国顶级王牌飞行员，他在牺牲前已经击落了44架飞机（经过现场确认），另有25架未经现场确认。鲍尔常常像"独狼"一样在天空寻找对手，往往一次要面对多个对手。1917年5月7日，他飞到飞行马戏团几架飞机的上方。当天，红男爵不在编队中，但他的堂弟洛塔尔在场，鲍尔在自己机毁人亡前将洛塔尔击落。红男爵称他是"英国目前最好的飞行员"。

杰出服务十字勋章获得者
亚瑟·布朗上尉
国籍：加拿大

布朗名噪一时主要因为他最终击败了红男爵，但这位德国王牌飞行员更有可能是被地面炮火击落的。布朗是一名经验丰富的指挥官，曾击落10架战机（经过现场确认），里希特霍芬是最后一个。他率队参加空战一年多，无一名飞行员阵亡，堪称奇迹。1918年7月，他在一次撞击中严重受伤，但幸免于难。

▲ 英国人以最高军事礼遇埋葬了里希特霍芬。1925年,他的遗体被迁出,埋葬在柏林

缺陷,如视野不佳、操控困难、阻力过大等,这使其更容易被对手击中。截至1917年年底,技艺高超的里希特霍芬成了伯尔克前一年夏天组建的飞行中队里唯一的幸存者。

朋友的逝去加上每天伤口引发的头痛,里希特霍芬痛苦不堪,只能以自己唯一能做的方式回应。他更加逃避现实,对自己也愈加苛刻。1918年4月20日,他击落了第80架飞机。然而,这也是红男爵最后的荣光。

第二天是星期天,雾气迟迟不散,起飞时间推迟。等待起飞的时候,他走近自己的新兵——22岁的堂弟沃尔夫拉姆·冯·里希特霍芬,沃尔夫拉姆以前从未参加过空战。他要求堂弟对敌作战要作壁上观,无论如何只观察、学习,至关重要的是活命。

上午10点30分左右,雾气消散,红男爵率领他的飞行马戏团腾空而起。半个小时内,他们在索姆河河谷上空与英国索普威兹-骆驼式战斗机编队进行了殊死搏斗。沃尔夫拉姆在安全距离之外观战,完全没有料到当天还有一名菜鸟飞行员跟他执行的是相同的命令。但那名飞行员选择抗命。

当里希特霍芬看到梅的战机直冲向沃尔夫拉姆孤立无援的三翼机时,他迅速拉起飞机,掉转方向,紧盯正要袭击他堂弟的梅。然而,当梅准备俯冲射击时,机枪卡壳,这名加拿大飞行员魂飞魄散,转身逃命,但怒火中烧的里希特霍芬紧追不舍。

梅后来回忆道:"我很清醒,我正在从后方遭到攻击。我注意到是一架红色的三翼机,幸好我当时没有反应过来,那就是里希特霍芬,否则一定会当场吓昏过去。我一直在3700米高空躲避、盘旋,直到逃离险境……整个过程中里希特霍芬一直在向我开火。"

里希特霍芬追击梅时,违反了伯尔克守则。他的战机被引诱偏离航线低空飞行,进入澳大利亚部队控制区,地面的防空炮火撼天动地。雪上加霜的是,伟大的追击者也在被追击。梅的指挥官布朗上尉看到事态变化,全力以赴赶来救援。他在靠近里希特霍芬后,从后方开火,同时,从地面堑壕射出的子弹也穿透了红男爵的飞机。

片刻之后,里希特霍芬一命归西,他的战机撞向地面,弹了一下,又滑出一段距离。澳大利亚步兵冲过去勘察坠机,他们看到一位身材不高的年轻飞行员蜷缩着紧握控制器,一颗子弹穿过心脏,夺走了他的性命。

没有人能确定是谁杀死了曼弗雷德·冯·里希特霍芬。但可以肯定,他的死使他获得了永生。如果堑壕中徒劳无益的杀戮代表人类的全部不幸,那么他在天空中书写的传奇则体现了某种幸福与美好。鲜艳夺目的飞机和遐思无限的骑士精神伴随无垠蓝天上的英雄史诗,为我们提供某种充满希望的力量。

红男爵也许是独一无二的,双方都深情纪念他的离世。德国举国皆哀,而英国人则以最高军事礼遇埋葬了里希特霍芬,刻有象征荣誉的花冠的墓碑上面写着:"我们勇敢而值得尊敬的敌人。"里希特霍芬的肉体或许已经消逝,但他的传奇将永远在历史中回响。

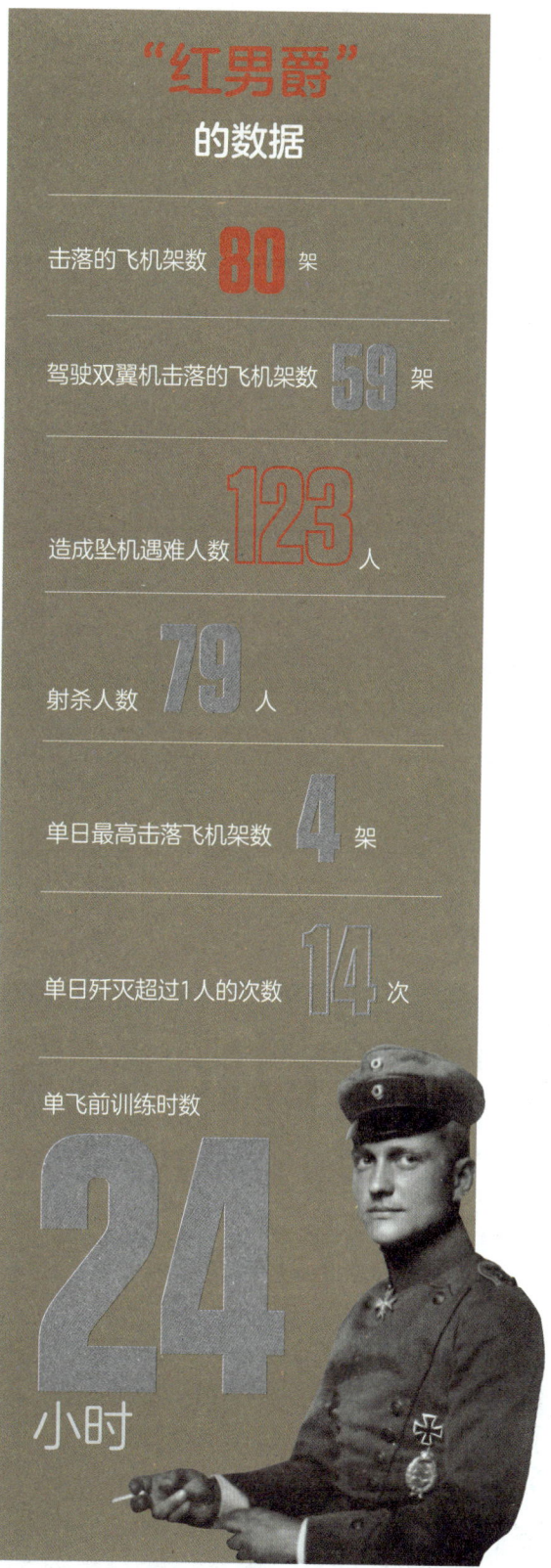

"红男爵"的数据

- 击落的飞机架数 **80** 架
- 驾驶双翼机击落的飞机架数 **59** 架
- 造成坠机遇难人数 **123** 人
- 射杀人数 **79** 人
- 单日最高击落飞机架数 **4** 架
- 单日歼灭超过1人的次数 **14** 次
- 单飞前训练时数 **24** 小时

一个时代的终结

第一次世界大战的影响与遗产

230　炮火沉寂之后……

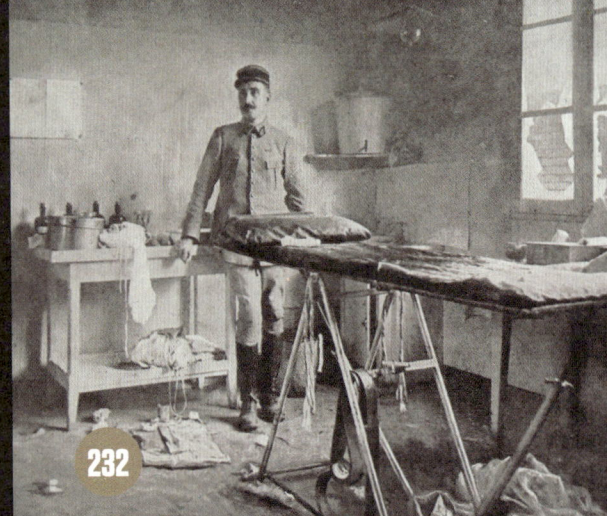

历史时刻

1919年6月28日
《凡尔赛条约》签署

凡尔赛宫的镜厅是签署和平条约的合适地点，该条约终结了"以结束所有战争为目的的战争"。会场上数百名政要济济一堂，但照片上的人几乎不会意识到，该条约就在20年后将造成更大的破坏。

炮火沉寂之后……

第一次世界大战的持续时间、战争强度和惨烈程度震惊了整个世界,而战争的后续影响也同样是剧烈而深远的。

▲ 1931年,因德国经济不景气,柏林爆发抗议游行

很多欧洲人认为大战后的世界"幸存者在如山的白骨中穿行"。

▲ 虽然按今天的标准看，1907年法国这家战地医院原始简陋，但其标志着医疗领域的重大进步

1918年11月11日11点，战斗正式停止，但战争的回响往往持续多年，第一次世界大战也不例外。冲突的确已经终结，但要历经数年人们才能从伤痛中走出，接受这样的结局。

战争已经深刻地改变了世界，其改变的深度和广度要经历几十年才会显露无遗。经济大萧条的种子已经埋下，第二次世界大战等未来冲突的龃龉已经潜流暗涌。

据估计，战争中有1400万人死亡，其中500万人是非战斗人员，实在令人痛心疾首。此外，还有数百万人在战争中受伤。这场战争也应对1918年至1919年的西班牙致命大流感负有一定责任，这场瘟疫造成5000万人死亡。

与通常袭击老人和儿童的普通流感不同，西班牙大流感的袭击目标竟与第一次世界大战惊人一致，是20岁到40岁的人群。很多欧洲人认为大战后的世界"幸存者在如山的白骨中穿行"，这样的论调绝非耸人听闻。

也许关于战争后果的争论永远也不会停息。但在某些人，特别是著名的历史学家斯蒂凡·奥杜安-鲁佐和安妮特·贝克尔看来，第一次世界大战是20世纪随后发生的一切灾难的源头。

条约

停战协定签署后，当务之急便是起草一系列条约，为世界带来持久的和平。巴黎和会因此在1919年召开。

美国总统伍德罗·威尔逊已经起草了指导性的《14点和平原则》，其中包括建立一个"国际间大联盟"（"国际联盟"的前身）以及将波兰恢复为独立国家。

其他目标包括消除经济壁垒、大规模削减军队以及签订各种和约。威尔逊在讲话中阐明了自己的设想，他认为（如今看起来似乎有些天真）"依靠武力对外扩张的时代已经一去不复返"。

然而，巴黎和会产生的和平条约远比威尔逊总统的预想更具惩罚性。《凡尔赛条约》规定，德国失去约10%领土（包括"波兰走廊"，这里将东普鲁士与德国本土、但泽分隔开）。德国被迫大幅度削减军队规模并支付巨额战争赔款，这部分"战争罪责条款"将对未来局势产生严重影响。

《圣日耳曼条约》与《特里亚农条约》禁止新成立的奥地利共和国与德国合并，而且将苏台德地区的日耳曼族裔置于捷克斯洛伐克的管辖之下。《讷伊条约》与《色佛尔条约》（该条约最终被1923年的《洛桑条约》取代）主要针对保加利亚与奥斯曼帝国，侧重英国在中东地区的利益诉求，尤其是将美索不达米亚（伊拉克）与巴勒斯坦的托管权交予英国。

条约中的一些条款引发的边界争端造成了延续多年的战火。事实上，一场终结所有战争的战争换来一纸和约，却使所有和平的努力付诸东流。

大萧条

在结束战争的一系列条约中，我们不难发现20世纪30年代经济大萧条的根源。德国承受的战争赔款如此高昂，现实中完全没有兑现的可能，尤其是德国已经彻底破产。包括德高望重的经济学家约翰·梅纳德·凯恩斯在内的许多观察家认为，对德国的羞辱已经到了危机的边缘。

在第一次世界大战中，并没有外国军队侵入德国领土，德国却付出了如此沉重的代价，德国民众怨声载道。他们要承受如此高昂的赔款，还被迫放弃了战争中夺取的土地，包括他们占领的大片俄国领土。20世纪20年代初期，德国通货膨胀失控，物价不断上涨，同时失业率也急速飙升。

美国的"道威斯计划"暂时缓解了德国的压力，经济繁荣的美国向德国注入大量美元资本，使德国有能力偿还战争债务，反过来其他国家也可以偿还对美国的欠债。

在"咆哮的20年代"（法国也称之为"疯狂岁月"）人们似乎在享乐主义、消费支出和流行文化的狂欢中淡忘了战争的苦难。人们对科技的乐观与自信取代了多年战争的恐惧与哀伤，但这终究是梦一场。1929年华尔街股市崩盘，随后便是经济大萧条，咆哮时代戛然而止。

实际上，美国10年来累积的过剩产能造成了严重的后遗症，支撑德国经济的援助几乎完全终止。随后德国也发生了经济萧条，失业率高达30%。

君主制与帝国

第一次世界大战最严重的后果在战争结束之前已经显现出来。1917年俄国爆发的革命便是战争失控的直接表现。俄军在与德军的对决中连战连败，战争也动摇了俄国的经济基础。

1917年3月，沙皇尼古拉二世退位，四大君主制国家中俄国第一个在战争中倒下。1918年，奥匈帝国和德意志帝国瓦解。1922年，土耳其也步了他们的后尘。

帝国后续的日子也乏善可陈。随着新兴国家的诞生以及传统国家的重生，德国、奥匈帝国和

人们似乎在享乐主义、消费支出和流行文化的狂欢中，淡忘了战争的苦难。

▲ 19世纪与20世纪之交，伦敦举行女性参政权大游行，参加者有男有女

俄罗斯帝国失去了大片领土。最引人关注的是，1795年被瓜分的波兰重获独立。

相比之下，大英帝国的领土却有所增加。然而，这只是表象，英国事实上已在不知不觉中被削弱。战争结束时，英国仍是世界唯一的超级大国，但随着1919年至1921年爱尔兰独立战争后爱尔兰成功独立，英国已经开始走下坡路。帝国的其他成员认识到大战期间宗主国对他们索取无度，纷纷鼓噪起来，要求独立。

英国本土宣传画却描绘了一幅令人欢欣鼓舞的图景：大英帝国领土日增，强大有力，神圣威严。不过，这只是一种幻象。历史学家皮尔斯·布兰登的话值得玩味：“大英帝国外强中干，言过其实。”

民主的传播

战争严重地打击了英国的统治精英。与底层士兵相比，军官阶层的伤亡比例明显过高。1916年，首相赫尔伯特·阿斯奎斯痛失爱子雷蒙德。

▲ 1920年，伦敦和平纪念碑揭幕。炮车上载着无名士兵的遗体

▲ 包括英国首相大卫·劳合·乔治在内的各国政治首脑和军事领袖在研究《凡尔赛条约》的细节

日渐削弱的贵族阶层被迫接受国内政治环境的剧变。英国女性的变化尤为明显，她们在战争期间感受到了相对自由的氛围，很多人不准备在战后将其拱手相让。

很多产业工人流失严重，家庭妇女很容易找到工作。她们不愿再回到过去的生活状态。

《1918年人民代表法令》的颁布让拥有选举权的英国民众数量急剧增加。打了胜仗的士兵回到国内却发现自己无权投票，这样的闹剧通过该法令得到纠正，几乎所有年满21岁的男性都获得了投票权。同时，大部分年满30岁的女性也获得了选举权，这样一来，英国的选民人数又增加了900万。（《美国宪法第19修正案》也确保了美国女性的选举权。）

随着工会实力的提升，工人阶层也能更好地保护和拓展自己的权益。

军工技术

在战争发展的过程中，技术更新一直发挥着重要作用。第一次世界大战中凶猛惨烈的堑壕战使杀伤性武器得到极大发展。战争之初，人们仍用骡马作为交通工具，用信鸽传递信息，但战争

开启总体战

尽管在过去的战争中已经显现"总体战"的迹象（例如，美国内战不但引入了"无条件投降"的概念，还对民用目标采取有计划的军事行动，最著名的是1864年谢尔曼将军率军进行的穿越佐治亚州行动），但第一次世界大战第一次全面表现了这一思想。

1935年，德国将军埃里希·鲁登道夫第一次写下"总体战"字样，这一术语以前没有人使用过，但鲁登道夫已经运用这一概念几十年了。他在第一次世界大战期间增强了德军的作战能力，实际上做到了以举国之力应对战争。

其他参战各方也采用了相同的战略，体现了总体战的主要特征，英法两国实际上在更大程度上调集了全国资源才赢得了战争的胜利。

举全国之力应对战争，不可避免的悲剧性后果随之而来，平民与战士的差别消失殆尽，几乎任何事物都可能成为合法的战争攻击目标。第二次世界大战中的大规模空袭与投向日本的两颗原子弹，或许就是这种不可避免的终极灾难。

▲ "总体战"的终极象征：广岛上空的蘑菇云

暴风突击队的宿命

暴风突击队曾在战争中通过集中的火力和猛烈的进攻突破西线战场的僵局。堑壕战极其残酷，伤亡率极高，参加战斗的突击队员很快成为战斗精英，彼此建立了十分牢固的友情。

战争结束后，幻梦破灭的悲观情绪笼罩着德国。很多暴风突击队员认为自己是国家领导人"背后一刀"的牺牲品，他们加入"自由军团"反对新兴的魏玛共和国。

"自由军团"的很多人在20世纪30年代加入"冲锋队"（也被称作希特勒的"褐衫队"），成为风头正劲的纳粹党的御用爪牙。

▲ 1933年，身着褐色军装的"冲锋队"队员列队去开会

结束时坦克和毒气已成常规武器。战士们不仅流血牺牲，也被邪恶的新式武器和久经沙场的传统武器致伤。

随着进攻被迫通过"钢铁风暴"（源自德国军官恩斯特·荣格令人难忘的描述）向前推进，人类瞬间成了新战场上最微不足道的事物。

德军采用了令士兵们极度厌恶的"具有更大杀伤力"的武器，即致命毒气，但这并没有遏制其他国家研究新的技术。

空中轰炸、坦克推进、机枪的密集火力和炮击，各种攻击手段相互结合成了士兵的梦魇。

战争的工业化和堑壕战的静态特征难免会产生副作用。战士们在更长时间里暴露在更大压力之下，这是他们从未经历过的考验。

尽管战斗一直很紧张，但军工技术的飞速发展与堑壕战的高强度结合产生了更为明显的效果。虽然不能说过去由战斗压力导致的精神错乱不存在，但第一次世界大战中这样的精神疾病案例大幅增加。

患病的士兵说话结巴，不断眨眼，走路吃力，很难控制身体的抽搐，医护人员对此倍感忧虑与困惑，他们认为这是严重脑震荡造成的精神错乱，称之为"炮弹休克"。

这种创伤后应激障碍的发生机制在越南战争后才得到确认。据估计有8万名英军士兵在第一次世界大战期间与第一次世界大战后罹患创伤后应激障碍。

医学进步

随着战争的推进，医疗水平往往也得到提升，因为战争的当务之急是使伤者尽快恢复健康。弗洛伦斯·南丁格尔在克里米亚战争期间推动了医学的进步，因而受到人们的赞誉。

第一次世界大战期间，伤残士兵的数量大

▲ 1939年9月，德军入侵波兰，德军坦克正在渡河

大增加，应对的方法也需及时完善。由于战地医院距离战斗区域更近，受伤的士兵得到更快地救治，伤势更严重的士兵也可以通过火车撤离到后方。

1915年，耶路撒冷圣约翰勋章救护旅医院（简称为"救护旅医院"）为受伤士兵提供了先进的医疗设备，如X射线影像室和心电图仪等。在战争期间，该医院的18个病房累计照料了至少3.6万名伤员。

机械化战争引发很多新问题，迫使医护人员设法寻求新的治疗方法。从脑部找到弹片并提取出来就是其中一个棘手的问题。堑壕战中，士兵的头部往往是身体中最容易暴露的部位，因而造成了许多毁容性的面部创伤。人们必须研发新技术才能应对战争造成的特殊外伤。

伤者人数众多，无法消极地避开公众的视野。国家也不能不负责任地将这么多人一笔勾销，他们需要真正地融入普通百姓生活。整形手术为他们带来了福音。几个世纪以来，整形手术的数量很少，但在战争期间与战争后整形手术突飞猛进，医生主要利用患者身体其他部位的皮肤移植到受伤部位，新西兰医生哈罗德·吉利斯爵士走在这场整形医学运动的最前沿。奥尔德肖特的剑桥战地医院开设了面部创伤病房，吉利斯爵

各种攻击手段相互结合成了士兵的梦魇。

士发挥了重要作用。假肢技术的发展也有助于伤者恢复正常生活，但总体来说，知易行难。

世纪战争

第一次世界大战到底是20世纪后续冲突的根源还是开端，人们尚存争议。但是，20世纪的很多战争至少是因1914年至1918年的战事而起的。

更值得注意的是，这场战争迎来了更具破坏的战争时代。有些人称第一次世界大战是"暴行学校"，造成了恶劣的影响，引发了后来的犹太人大屠杀以及法国对中南半岛与阿尔及利亚殖民地的残酷镇压。犹太作家对第一次世界大战充满不祥的预感，他们将东欧描写为"犹太人肉体与精神的墓地"。随着战争的激烈进行，德国犹太人习惯性地扮演了替罪羊的角色，为第二次世界大战的灾难埋下伏笔。

第二次世界大战比第一次世界大战的波及的范围更广，破坏力更大，也更加血腥残暴，在1918年德国战败后的遭遇中很容易发现其爆发的根源。显而易见，1939年第二次世界战争的爆发过程是对结束第一次世界大战的严苛条约的直接反应。德国首先吞并奥地利，接着占领苏台德地区，而后要求收回但泽自由市和波兰走廊部分地区。

第一次世界大战仅仅结束20年就爆发了如此恐怖、破坏力如此之大的第二次世界大战，人们不知吸取教训，着实匪夷所思，某些大国的崛起再次让世界血流成河。有些历史学者认为，这两场世界大战其实是同一场战争，只不过间隔了20年的休战。

前事不忘

返回家园的士兵面临着很多困难。即使那些身心健全回来的士兵，也要应对各种各样的问题。

纪念战争的行动往往令生者痛苦不堪，很多战争幸存者逐渐认为他们似乎不如那些"最终牺牲者"更有价值。近来的研究显示，很多士兵除了感觉"活着是罪过"，对逝者更有一种嫉妒之感。逝者有纪念碑，但生者没有。

很多"失足者"就地掩埋，官方的解释是，他们与欧洲战场上的死难的兄弟亲如一家人。这只是一个冠冕堂皇的借口，要把成千上万破碎不堪的遗体运送回国确实是不可能完成的任务，但很多家庭因无法让亲人安息而痛苦不安。

这些家庭挣扎着慢慢接受战争造成的无奈。他们或许没有参加战斗，但他们的苦痛那么真切，对于那些被占领土上的人民尤为如此，他们望眼欲穿，苦盼丈夫、兄弟、父亲或者儿子归来。用一位英国妇女的话说："我很感激，因为我丈夫的名字高高地镌刻在'纪念堂'上，那些没有刻上去的名字该如何安放？"

对很多幸存者来说，需要花一生的时间接受自己的经历。法国最后一位第一次世界大战老兵在2008年离世，英国最后一位老兵（哈里·派奇曾是全世界最后一位在世的"一战"老兵）在2009年故去，这场战争的余波直到21世纪依然那么真实。

正如奥杜万-鲁佐和贝克尔两位学者所言，我们每一年都纪念第一次世界大战逝去的亡魂，我们已经沉浸在"无限哀思"之中，第一次世界大战的炮声将一直在我们耳边回荡。

美国崛起

当战争在欧洲肆虐时,美国基本毫发无损,1917年才正式参战。而且,战争给美国经济带来巨大的推力,美国开始踏上超级大国之路。

美国并不愿卷入战争,正如总统威尔逊的《14点和平原则》描绘的蓝图一样,美国是基于崇高的理想才投入战争的。美国实际遭受的损失有限(阵亡11.6万多人,其中一半死于战后西班牙流感大爆发),因此强大的美军战争体系完好无损,而欧洲大部分国家则哀鸿遍野。

美国突然一跃成为世界最强的工业化国家,也是众多欧洲国家的债权国,欧洲总欠款达100亿美元。如今,美国在很多方面不可逆转地占据统治地位。美国坚持战争债务必须偿清,而且强调美国有能力坚持自己的想法,这令欧洲各国深感沮丧。

美国显然不愿承担超级大国的重任,1919年拒绝加入国际联盟,尽其所能退回到战前的孤立主义状态。然而,终点已然在望,在第二次世界大战期间,美国的超级大国地位已不可撼动。

▲ 美国女性在飞机零部件工厂工作。战争,极大地促进了美国经济的腾飞

图片所属

29	© Mary Evans Picture Library
33	© Look and Learn; Sayo Studio
47	© Alamy, Corbis, Alex Pang, Sol 90 Images
51	Illustration: Jean-Michel Girard / The Art Agency
59	Images: Getty
67	© Alamy; Corbis; Mary Evans
69	© Alamy
73	Illustration: Rebekka Hearl
79	Images: Alamy, Mary Evans, Rebekka Hearl, Getty
81	© Sol 90 Images
97	Illustration: Alex Pang
103	© Alamy
113	© Alamy, Corbis, Rebekka Hearl, Osprey
117	© Nicolle R Fuller
125	© Adrian Mann
130	© Alamy; Getty
136	© Rocio Espin
145	© Alamy, Getty, TopFoto
147	© Illustration: Acute Graphics
149	© Illustration: Alex Pang
164	© Alamy, Osprey Publishing, Joe Cummings
177	© Corbis; Alamy; Ed Crooks; Thinkstock
189	© Alamy
201	© Alamy, Getty Images
211	© Alamy, Look & Learn, Mary Evans, Rex Features
213	© Chris Collingwood – Collingwood Historic Art
219	© Rebekka Hearl
225	© Alamy; Chris Collingwood; CG Textures; Corbis; Rex Features